자살
심리론

자살

한만봉 지음

심리론

한국학술정보㈜

머리말

〈자살자의 유서〉

"복잡해서 죽을 것 같았다. 이유 없이 화가 나서 미칠 것 같았다. 멀미가 날 듯이 속이 힘들었다. 머리가 너무 아파서 눈물이 났다. …… 울다 웃다 미치는 줄 알았다. 내가 나를 잃었다고 생각했었고 나는 뭔가 정체성을 잃어 갔었다. ……"(故 정다빈)

"내가 아니고서야 어떻게 내 힘듦을 알겠어…… 엄마 생각하면 살아야 하지만 살아도 사는 게 아니야. …… 혼자 버티고 이기려고 했는데…… 안 돼. 감정도 없고…… 내가 아니니까. …… 일 년 전으로 돌아가고 싶었어. 돈이 다가 아니지만 돈 때문에 참 힘든 세상이야. 나도 돈이 싫어. ……"(故 이은주)

"나는 몇 미터 경주인지도 모르고 달려왔습니다. 힘겹게 달려와 종착점에 도착해 보면 그곳은 일이 되풀이되곤 했습니다. 그리고 종착점이 물거품이라는 것을 아는 데는 무려 36년이나 걸렸습니다."(36세 자살)

"나는 한 여성이 가질 수 있는 모든 것을 가졌습니다. 나는 젊고 아름답습니다. 나는 돈도 많고 사랑에 굶주리지도 않았습니다. 수백 통의 팬레터도 매일 받습니다. 누구보다도 건강하고 부족한 것이 없습니다. 미래에도 그렇게 살 수 있다고 확신합니다. 그런데 웬일일까요? 나는 너무나도 공허하고 불행합니다 뚜렷한 이유를 찾을 수는 없지만 나는 불행하다고 느끼고 있습니다. 나의 인생은 파장하여 문 닫은 해수욕장과 같습니다."(故 매릴린 먼로)

　채워지지 않는 인생의 공허, 매릴린 먼로가 느낀 인생의 공허는 무엇이었을까? 파스칼은 『팡세』에서 "인간은 영적인 존재이다. 그래서 사람의 마음속에는 하나님만이 채울 수 있는 공간이 있다"고 했다. 물고기가 물속에 살아야 하듯이, 인간은 하나님과 함께 살도록 창조되었다. 그런데 사탄의 속임수에 빠져 하나님을 떠난 인간은 흑암과 혼돈과 공허라는 운명의 굴레에 빠져 버리게 되었다. 결국 사탄이 이끌어 가는 인생의 목표는 멸망과 죽음과 지옥이다라고 말한다(요한복음 10:10). 그러니 자살은 해결책이 아니라 사탄의 또 다른 속임수인 것이다. 세상은 우리에게 눈에 보이는 삶이 전부라고 말하지만 무언가

채워지지 않는 공허함은 우리에게 육신의 삶이 전부가 아님을 말해 준다.

혹시 당신도 지금 말 못 할 이 공허함 속에서 괴로워하고 있지 않은가?

이 책은 자살에 대한 실증적이고 현실적용적인 측면에서 기록한 책이다. 특히 현재 전 세계를 강타하고 있는 지도층, 공인, 연예인, 권력자, 학자, 지식인, 경제가, 부와 권력을 가진 사람들에게 일어나는 자살에 대해서 아무도 답을 주지 않는다.

다만 자살한 지도층과 연예인이 있으면 그 순간만 모두들 혀를 차며, 동정심을 주고 있다. 그런데 그것이 마지막이 아니다. 자살은 계속해서 일어나고 있다. 지금 이 순간에도 지구촌 어느 곳에서는 목숨을 끊는 사람들이 있을 것이다. 그것이 타의든, 자의든, 감정적이든, 오기든 간에 말이다. 자살로 인하여 사회는 혼란이 야기되고 있고, 국민 모두가 불안에 휩싸여 있는 상황이 되어 간다. 세상에 많은 빨간불이 켜지고 있다. 특히 21세기를 살아가는 현대인들은 그야말로 어려운 사면초가에 봉착해 있다. 자살할 것인가 살아야 할 것인가, 아니면 현실도피를 해야 할 것인가? 경제적 어려움으로 인하여 자살하기도 하고, 성적인 수치심 때문에 자살하기도 하고, 모욕적인 말에 의하여 자살하기도 하고, 권력의 횡포에 어찌 할 수 없어서 자살하기도 하고, 자살이 최선의 대안이라고 생각해서 자살하기도 하고, 우리는 자살에 대한 구체적이고 정확한 분석이 필요한 시점에 와 있다. 단지 자살론으로 끝나는 자살은 별 의미가 없다. 이 책을 통하여 죽어 가는 영혼들이 실았으면 한디. 본 책을 출판함에 있어서 전적으로 도움을 주신 한국학술정보(주) 출판사 채종준 사장님과 강태우 팀장님께 감사드리며, 늘 지식적인 면에서 도움을 주신 고려대학교 인문대학 학장님이셨던 김동규 박사님, 고려대학교 부총장님이셨던 표시열 박사님, 성균관대학교 정덕희 박사님, 성남기능대학 학장님이셨던 민영오 박사님, 한민대학교 김두흠 박사님께 감사드린다. 또한 자료를 찾아 주고, 세밀히 교정을 봐 주신 예수대학교 사회복지학과 엄정순 사모님께도 감사를 드린다. 모쪼록 이 책을 통하여 21세기 삶의 의지를 북돋우는 계기가 되었으면 한다. 또한 초청강의를 요청하시면 어느 곳에서나 달려가 작으나마 저의 지식을 풍족히 드리고자 한다.

2011년 1월 고려대학교 도서관에서 저자 씀

차 례

I. 자살과 자아 정체성 _ 13

II. 자살실증적 접근과 해결법 _ 27

---

1. 자살을 극복하는 방법 _ 29
   1) 단 음식을 삼가라 · 29
   2) 육류를 적게 먹어라 · 29
   3) 담배를 끊어라 · 29
   4) 카페인 섭취를 삼가라 · 30
   5) 생선을 많이 먹어라 · 30
   6) 양질의 단백질을 많이 섭취하라 · 30
   7) 물을 하루 8잔 이상씩 마셔라 · 30
   8) 비타민제를 충분히 복용하라 · 31
   9) 햇볕을 하루 20분 이상 쫴라 · 31
   10) 적당한 운동을 하라 · 31

2. 자살의 윤리적 문제점 _ 32
   1) 생명 경시 · 32
   2) 타인에 해를 끼치지 않아야 할 도덕적 의무의 위반 · 33
   3) 파급효과 – 베르테르효과 · 33

3. 자살 예방의 노력들 _ 34

4. 왜 우리나라는 자살률 세계 1위인가 _ 42

5. 자살하려는 사람들의 심리 _ 43

6. 우울증, 우리의 현실 _ 44
    1) 우울증 · 56
    2) 우울증의 치료 · 57

7. 자살률 / 58
    1) 자살의 사회학적 원인 · 66
    2) 자살의 심리적 원인 · 67
    3) 자살의 생리적 원인 · 67

8. 자살과 심리 _ 74
    1) 자살에 대한 스펙트럼 · 83

9. 자해행동을 위한 주요 치료법들 _ 88
    1) 스트레스 경감요법 · 89
    2) 응벌적 자극요법 · 90
    3) 약물요법 · 92
    4) 집단자살 · 94

10. 자살의 심리적 원인 _ 104
    1) 욕구 좌절에 의한 자살 · 104
    2) 사랑의 실패로 인한 자살 · 105
    3) 중요한 관계의 단절로 인한 자살 · 105
    4) 수치 · 모욕과 관련된 자살 · 106
    5) 부당한 대우에 명예를 회복하기 위한 자살 · 107
    6) 심리적 고통의 출구로서 자살 · 108
    7) 절망적 현실로부터의 도피로서 자살 · 110
    8) 자기 파괴적 본능에 의한 자살 · 111

9) 기타 원인론적 자살 · 113

11. 역사를 통해 본 자살 _ 115
   1) 자살은 개인의 문제 · 116
   2) 자살은 중대한 죄악 · 117
   3) 자살은 회개할 수 없는 죄 · 119
   4) 자살의 예외적인 경우 · 120
   5) 지나친 '신앙'의 강조, 우울증으로 이어질 수 있다 · 126

12. 자료로 본 자살 _ 127

13. 심리학적인 측면에서 자살심리와 원인 _ 133
   1) 대상부착과 대상상실 · 133
   2) 프로이트는 우울증과 연관 · 134

14. 자살의 역학 _ 137
   1) 발생률과 유병률 · 137
   2) 관련 인자 · 137

15. 자살의 원인 _ 143
   1) 사회학적 요인 · 143
   2) 심리학적 요인 · 145
   3) 생리학적 요인 · 147

16. 자해(Self－Injury) _ 148
   1) 절단(Cutting) · 148
   2) 자살에 대한 질문 · 148
   3) 자살기도 미수자의 재기도 위험도 · 149
   4) 정신 상태 검사에서 진단과 관계없이 자살
      위험을 예측할 수 있는 소견 · 150
   5) 아동과 청소년의 자살 · 150

17. 노인과 자살 – 노인의 자살률이 증가하는 이유 _ 153

18. 치료 _ 154
   1) 자살 가능성의 평가 · 154
   2) 입원의 결정 · 154
   3) 자살 환자를 위한 실용적인 예방법(by J. E. Schneidman) · 155
   4) 입원 중의 치료 · 155
   5) 우울하고 자살 가능성이 있는 환자 · 156
   6) 자살 가능성의 평가 · 157

Ⅲ. 참삶과 오판 _ 163

1. 참삶의 자기정체성 _ 165
   1) 인생의 가치관 재정립 · 169
   2) 죽음에 대한 공포로부터 해방 · 169
   3) 내세에 대한 희망 · 169
   4) 죽어 가는 과정에 대한 이해 · 170
   5) 1,000명의 죽음을 지켜본 호스피스 전문의가
      말하는 죽을 때 후회하는 25가지 · 172
   6) 자살심리척도 · 173

2. 이런 연예인, 지도자 자살한다 _ 177

I

자살과 자아 정체성

자살이란 자기 자신을 죽이는 행동이다. 당사자가 자유의지를 가지고 자기 목숨을 끊는 행동이 자살인 것이다. 독을 마셔서 죽거나, 강물 위로 뛰어든다거나, 바닷가 바위 위에서 아래로 뛰어든다거나, 아파트 옥상이나 높은 건물에서 뛰어내리는 행위, 남을 죽이거나, 테러를 하기 위해 폭탄이나 그 어떤 무기를 가지고 자기 자신을 죽이면서 행동을 하는 행위 등 다양하다. 과거 왕이 죽거나, 주인이 죽으면 그 뒤를 따라 하인과 신하가 죽음을 택하는 자살도 있고, 남편을 잃은 여인이 남편을 따라가고자 자살하기도 했다. 종교인들이 천국 또는 피안의 세계를 동경하며 현실세계에서 자기 목숨을 끊는 행위, 뒤르켕이 말한 여러 가지 자살의 양태를 말하지 않더라도 자살의 형태는 다양하다.

　신경쇠약, 질병, 가정불화, 우울증, 타인에 의한 모멸감, 자존심 상함, 가치관 혼란, 지나친 영웅의식, 막연한 비이성적 동경 등 그 상태도 무궁무진하다. 그런데 한 가지 중요한 것은 자살하는 사람들은 자아정체감이 흔들릴 때 자살을 생각하고 자살을 행동으로 옮긴다. 자살하는 사람의 지적인 수준, 성장상태, 권력의 상태, 직업의 양태 등 다양하지만 자살에 미치게 하는 영향은 극단적인 심리작용이며, 이것은 한순간에 이루어진다.

최고의 경제력을 가진 사람이거나 최고의 권력을 가진 사람도 예외는 아니다. 그래서 종종 연예인, 지도자들이 자살을 하는 것이다.

공인인 사람들이 상당수 자살하는 데는 우울증과 심리 변화가 중요한 역할을 하고 있다. 자살에 대한 합리성이나 자살에 대한 이해 또는 분석도 없이 자살자를 살펴본다는 것은 가치 없는 것이 될 것이다.

왜 사람들은 자살을 할까? 그리고 일반인들이 자살하는 것과 공인 또는 지도층에 있는 사람들의 자살이 사회에 미치는 영향은 어떠한 것인가?

자살하는 사람들의 공통된 상태는 자아 정체성의 혼란인 것이다. 왜 살아야 하는지, 왜 죽어야 하는지를 분명히 알지 못하고, 다만 감정적인 순간의 결정에 의존을 한다.

자살자에 대한 심리는 우리가 알지 못하는 거대한 폭풍 속의 아노미와 같다. 무엇인가 알지 못하는 힘에 이끌리어 자살이 가장 합리적인 대안이며, 자살만이 현실을 타파하고 현실을 극복할 수 있을 것이라는 막연한 동경과 희망을 가진다.

현실 도피한 자살은 과연 현실을 도피한 것일까?

대부분 인간들이 지구에 사는 동안 자살한 사람들을 잘못된 선택이라고 본다. 그렇다면 그것 또한 자살한 사람들에게 수긍하게 되는 정답이라고 여겨질까?

자살은 터부시되어서도 안 되고 동경되어서도 안 되며, 인생을 살아가는 데 있어서 누구나 갖는 감정의 혼란 속 폭풍인 것이다. 폭풍이 불 때 넋을 놓고 있는 사람이 있는 반면 더욱더 삶에 대한 의지를 가지고 살아가려고 붙잡는 사람이 있을 수 있다. 자살의 한계도 거기에 있다. 자살의 한계를 극복해야만 삶에의 의지를 만들어 갈 수 있다. 살려는 의지와 살아가려는 의지, 죽음에 대한 의지, 죽으려는 의지 가운데 줄다리기를 할 때 우리는 처절하게 삶의 현장 속에 있을 수 있게 된다.

자살하려는 사람들의 마음은 언제부터 시작될까?

태어나서 엄마의 젖을 물고 빨 때, 엄마가 젖을 주지 않거나 매몰차게 할 때 그러면 아이는 자살을 생각할까, 아니면 자라나서 의식과 가치관이 정립되면 자살을 생각하게 되는 것일까? 청소년기의 자아 정체감 혼란과 질풍노도기 때 자살에 대한 생각을 자주 하게 될까, 아니면 성년기에 들어와 현실과 조화할 수 없을 때에 이러한 현상이 생기는 것일까? 그것도 아니라면 노년기에 들어서 외로움과 고독이 자살충동을 만들어 내는 것일까? 자살충동은 다양하다. 그것을 어느 한 부분에 국한시키는 것이 무의미한 논쟁이 된다. 다원적이며 복잡하게 움직이는 것이 자살인 것이다. 우선 자살 충동을 느낀 사람들의 이야기를 살펴보며 분석해 봐야 할 것이다.

우리나라에서 자살한 연예인을 살펴보면 안재환, 유니, 정다빈, 이은주, 최진실, 김영임, 이애정, 김민수(먼데이키즈), 김형은, 서지원, 김광석, 김성재(듀스), 장덕, 장자연, 김지후, 박혜상 등 많은 사람들이 자살을 선택했다.

연예인들이 연예활동을 하면서 받는 스트레스는 분명히 일반인보다는 많을 게 확실하다. 인기하락에 대한 두려움, 일상생활과 동떨어진 생활, 많은 사람들의 관심 등이 심리적인 위축과 갈등, 현실도피를 만들어 갔을 것이다. 국내 연예인을 예로 들어 설명하도록 하겠다.

▌이은주

1980. 11. 16.~2005. 2. 22.(26세 자살)

비교적 비주류 영화에 출연하면서 자신만의 길을 찾아가는 모습을 가졌지만 현실과 괴리된 삶을 통한 심리 변화를 이겨 내지 못하였다.

이은주의 자살은 심리적 외로움과 갈등의 현실적 표출로서 자살이 현실해방과 자유의 도구라는 착각으로 자살행동을 하게 된 것 같다. 인간은 누구나 좌절과 갈등을 갖고 있는데, 이것을 잡아 줄 순간의 조력자가 필요하다. 그 순간만 잡아 주면 자살을 되돌릴 수 있는데 그렇지 못할 때는 자살이 해방의 분출구라는 착각을 갖게 된다.

▌김광석

1964. 1. 22.~1996. 1. 6.(33세 자살)

대학로에서 주로 콘서트 활동을 하며 서민들과 아픔을 같이했던 김광석의 삶, '거꾸로 가는 자전거', '일어나' 등의 노래를 통하여 삶과 현실을 부여잡으려고 애썼음을 볼 수 있다.

서민들과의 지나친 애착 또한 자살을 가능하게 한다. 그러므로 지나친 몰입과 애착은 금물이다. 삶을 살아감에 있어서 냉정함도 때로는 필요한 것이다. 서민들의 아픔과 삶에 지나치게 몰입되면 그로 인해 자살을 꿈꾸게 되기도 한다.

▌정다빈

1980. 3. 4.~2007. 2. 10.(28세 자살)

'옥탑방 고양이' 등 드라마 출연을 통해 새로운 이미지를 보여 주었지만 그도 또한 갈등을 극복하지 못하였다. 연예인과 인기에 편승하는 가운데 급작스러운 영웅은 자아 상실을 초래한다. 이것을 극복하려면 연인을 두거나 절친한 친구들 몇 명을 두고, 그로 인해 냉정하게 현실로 돌아올 수 있어야 한다.

▌박용하

1977. 8. 12.~2010. 6. 30.(34세 자살)

명품연기를 하지는 않았지만 은은하고 부드러운 인상으로 연기를 하였다. '작전'이 그의 유작이 되었다.

살아가는 방식을 배우는 삶이 필요하다. 연예인들은 자기의 삶이 아닌 각본에 의한 삶을 자기 삶으로 착각하며 살기도 한다. 거기에서 오는 괴리감을 극복하는 것이 우선시되어야 할 것이다.

해결점을 자아 정체성의 혼돈과 아노미에서 현실을 찾는 것이 자살을 극복할 수 있는 비결이다.

▌장덕

1962. 4. 21.~1990. 2. 4.(29세 자살)

한때 천재 싱어송라이터로 불렸던 그녀, 가장 믿었던 사람을 잃으면 그로 인하여 순간적으로 공허와 좌절을 더 크게 갖는다. 그러므로 극단적인 사랑과 몰입은 자아 정체성의 피난처를 자살로 택하기 쉽다.

지금, 그리고 현실을 볼 수 있도록 인간관계의 고립과 폐쇄성을 많은 사람들(군중) 속에서 찾아가야 할 것이다.

▌최진실

1968. 12. 24.~2008. 10. 2.(41세 자살)

많은 어려움 속에서 자라고, 경제적인 시련을 많이 겪은 삶을 살았지만 심리적 갈등은 극복하지 못하였다. 자살의 마음은 한순간인 것이다. 그때 누군가 잡아 줄 수 있어야 하며 주위에서 교류해 주어야 할 것이다.

▌최진영

1971. 2. 27.~2010. 3. 29.(40세 자살)

누나(최진실)의 공백이 자신의 삶을 포기할 만큼 컸으며, 최진실의 빈자리와 삶에 대한 고뇌를 이기지 못하였다. 공허로 인한 심리변화인 것이다.

▌안재환

1972. 6. 8.~2008. 9.(37세 자살)

사업의 실패와 경제적 어려움과 주위 삶의 갈등이 자살을 만들어 냈고, 그로 인해 많은 다른 사람들까지 자살하게 하는 도미노를 일으켰다. 그만큼 비중 있는 연예인, 또는 잘생긴 사람의 자살은 또 다른 파급 효과가 크다는 점을 기억해야 할 것이다.

▌유니

1981. 5. 3.~2007. 1. 21.(27세 자살)

인기를 향한 갈망은 실패에 대한 좌절감도 크게 만드는 것이다.

▌ 서지원

1976. 2. 19.~1996. 1. 1.(21세 자살)

당시 미소년 가수로 인기를 끌고 있던 사람으로 자아성장과 육체
적·정신적 성장 간의 괴리감에 인기상승이 부담으로 작용하였을 것
이다.

▌ 김다울

1989. 5. 31.~2009. 11 19.(21세 자살)

한국 모델로서는 어린 나이부터 두각을 나타낸 모델이었다.

▌ 곽지균

1954. 11. 10.~2010. 5. 25.(57세 자살)

'겨울나그네', '젊은 날의 초상' 등 상당히 감성적인 작품을 만들어
낸 감독인데 자살에는 나이를 불문하고 이루어지는 것이 현실이다.

▌ 여재구

1970. 9. 22.~2007. 5. 28.(38세 자살)

'단역배우', '재연배우'로 활동하였던 연극인이었다.

▌ 장자연

1980. 1. 25.~2009. 3. 7.(30세 자살)

연예인 성상납실태와 불공정 거래의 개혁에 장자연의 자살은 큰
역할을 하였다.

현실에 대한 해방구로 자살을 택하였으며, 그로 인하여 사회적 경종을 울리고자 하는 의도였을지 모르나 힘 있는 권력과 재력은 그리 쉽게 무너지지 않는다. 아까운 목숨으로 사회정의를 해결하려는 의도는 좋은데 그것을 살아서 했으면 더 좋았을 것이다. 인간은 죽으면 죽은 자의 손을 들어 주기보다는 죽은 자는 말이 없다는 식으로 산 자를 위한 논리로 돌아간다. 그러므로 문제가 있으면 그것을 목숨 걸고 타도하고, 개혁시키고, 폭로하고, 싸워 이겨야 한다. 죽으면 해결되는 것이 아니다. 장자연 사건에 연루되었던 그 많은 지도자들, 재력가들은 지금 아무 일 없듯이 당당히 살아가고 있다. 죽음으로 해결하려는 순간적인 판단 미스는 더 이상 안 했으면 좋겠다.

▌김석균

1979. 4. 9.~2009. 1. 17.(31세 자살)

유명배우가 가지는 스트레스 못지않고, 무명배우로서의 서러움 또한 컸을 것이다. 무영으로 살아가는 배우의 애환과 갈등이 자살로 몰아넣은 케이스이다.

▌김지후

1985. 7. 11.~2008. 10. 6.(24세 자살)

트랜스젠더와 함께 한국에서 인정받기 어려운 '커밍아웃'이었다. 악플과 비난으로 죽음에 몰아넣지는 말아야 함에도 불구하고 무차별적인 인터넷으로 인한 피해자가 생기고, 그로 인해 자살하게끔 하는 문제점도 인터넷에 있다.

▌이서현

1979. 9. 16.~2008. 12. 1.(30세 자살)

5인조 보컬그룹인 '엠스트리트'의 멤버이다. 30세까지 한길만 달려 왔지만 성공하지 못했을 때의 좌절감이 자살하게끔 한다.

▌우승연

1983. 5. 24.~2009. 4. 27.(27세 자살)

자신의 미니홈피에 "안녕"이라는 글만 남기고 자살한 연예인이다.

▌장채원(본명 장정한)

1982.~2008. 10. 3.(27세 자살)

한국에서 트랜스젠더로서의 삶은 우리가 상상조차 하지 못하는 스트레스일 것이다.

▌이창용

1971.~2009. 3. 12.(39세 자살)

경제적인 어려움 또한 자살을 할 수밖에 없게 만든다.

▌박혜상

1981. 5. 12.~2010. 11. 12.(30세 자살)

2005년 채널 CGV 시트콤 '압구정 아리랑'에 출연한 여배우, 자택에서 자살, 미래에 대한 불확실함이 자살로 이끌었다.

▌陳琳(천린, Chen Lin)

1970년 1월 31일 중국 충칭에서 태어나 1994년 '당신의 부드러움 영원히 알길 없군요' 이후 '떠나요(走開)', '사랑하면 그만인 거죠(愛了 就愛了)' 등 7장의 앨범을 발표하며 팬들의 큰 사랑을 받아 왔다.

▌히틀러

1945. 4. 30.

히틀러의 자살심리는 극도의 환경변화에 의한 자존심의 해방구로 서 자살을 선택한 것 같다. 사회정세의 변화로 인한 심리변화를 영웅 심으로 변형시킨 것이다.

1945년 4월 30일 제2차 세계대전을 일으켰던 독일의 독재자 히틀 러가 자살했다. 나치당의 강력한 세력으로 부상한 히틀러는 1934년 8 월 대통령 힌덴부르크가 죽자 총통 겸 총서기로 취임해 실업자 감소, 사회보장 정책, 각종 구습 폐지 등의 혁신정책을 실시했다. 자르 지방 의 영유권 회복, 오스트리아 합병, 뮌헨 협정 등 일련의 성공적인 외 교정책으로 그의 인기는 절정에 달했다. 군부까지 장악한 히틀러는 1939년 9월 폴란드를 침공함으로써 제2차 세계대전을 일으켰다. 히틀 러는 이탈리아의 무솔리니와 친밀한 관계를 유지했으나 이탈리아는 전쟁에서 패배를 거듭했다. 소련과의 전쟁에서도 독일군 22만 명이 전사하거나 포로가 되는 등 실패로 끝났다. 결국 전쟁에서 패배한 히 틀러는 베를린 총통 관저 지하실에서 부인 에바 브라운과 함께 음독 자살했다.

▌노무현 대통령

노무현 대통령의 자살은 최고지도자의 극단적인 선택의 한 장면이다. 자살에 대한 감정과 사회적 불신, 배신, 억울함 등에 대한 극단적인 행동이었으며, 자살함으로써 결백과 무고함을 주장하려는 의도와 함께 자아도피의 성격 또한 강하다고 할 수 있다. 대통령으로서 어려움과 갈등, 괴로움에서 벗어났지만, 전직 대통령이라는 압박감을 자살로 돌출구를 찾고 해방되고 자유를 얻으려는 심리적인 상태가 표현된 것이다.

이렇듯 자살은 지위 고하를 막론하고 누구에게나 이루어질 수 있다.

단지 그 자살하려고 맘먹고 행동하려는 그 순간에 누가 조력자가 되어 주며 누가 함께하느냐가 자살을 막을 수 있는 것이다.

자살 충동은 누구에게나 존재하는데 나타나는 양상만 다를 뿐이다. 좀 더 많이 나타나느냐 적게 나타나느냐이고 그것의 표출 강도가 높고 낮음뿐이다. 또한 그때의 상황이 어떠하냐도 큰 관건이 된다.

II

자살실증적 접근과 해결법

1. 자살을 극복하는 방법

1) 단 음식을 삼가라

설탕이나 초콜릿 등 단 음식을 먹으면 일시적으로 기분이 좋아질 수는 있지만 지속적이지는 못하다. 우울증 환자들에게 단 것을 섭취하게 한 후 1~2시간이 지나 조사해 본 결과, 상당수가 피곤함과 우울증을 더 많이 느끼는 것으로 조사됐다.

2) 육류를 적게 먹어라

우울증 환자들은 가능한 한 지방질이 적은 식사를 하는 것이 좋다. 특히 돼지고기나 쇠고기 등에 많은 포화지방산은 콜레스테롤을 증가시킬 뿐 아니라 우울증도 촉진시키는 요인으로 밝혀지고 있다.

3) 담배를 끊어라

흔히 기분이 저조할 때 해소할 수 있는 손쉬운 방법으로 담배를 찾는 사람들이 많지만, 실제로 흡연은 우울증을 증가시키는 요인이다.

22~35세의 흡연 남녀를 대상으로 5년간 조사한 결과, 흡연가가 비흡연가에 비해 우울증 발생률이 2배나 높았기 때문이다.

4) 카페인 섭취를 삼가라

커피나 홍차, 콜라 등 카페인이 많이 함유된 식품들을 피하는 것이 좋다. 특히 카페인 성분에 민감한 우울증 환자에게 4일 동안 카페인 성분이 들어 있는 식품을 먹지 못하게 한 결과 상당수에서 우울증상이 개선된 것으로 나타났다.

5) 생선을 많이 먹어라

우울증 환자들은 특히 체내에 오메가3 지방산이란 물질이 많이 부족하다. 따라서 이런 성분이 많은 등 푸른 생선을 많이 먹는 것이 우울증 해소에 좋다.

6) 양질의 단백질을 많이 섭취하라

단백질의 주성분인 아미노산은 특히 사람들의 감정을 조절하는 호르몬인 세로토닌을 구성하는 중요한 요인이다. 따라서 치즈, 우유, 달걀 등 양질의 단백질이 풍부한 식품을 많이 섭취하는 것이 좋다.

7) 물을 하루 8잔 이상씩 마셔라

물은 인체의 노폐물을 제거하고 신진대사를 원활히 해 주기 때문에 우울증 해소에 도움이 된다.

8) 비타민제를 충분히 복용하라

특히 비타민 B와 C가 부족하면 우울증에 걸리기 쉽다는 연구결과가 있다. 이 중 비타민 B는 기분을 활성화하는 데 중요한 신경전달물질인 세로토닌을 구성하는 중요한 요인이 된다. 그러나 비타민 C는 약제로 복용할 경우 자칫 수면 장애를 일으킬 수 있으므로 저녁때는 복용을 피하는 것이 좋다. 또 위장장애를 피하고 흡수를 돕기 위해 비타민제는 식사 직후에 먹는 것이 좋다.

9) 햇볕을 하루 20분 이상 쫴라

햇볕은 대뇌로부터 활력을 느끼게 하고 각종 신경전달물질을 생산해 내기 때문에 우울증 치료에 도움이 된다.

10) 적당한 운동을 하라

하루 30분 이상의 규칙적인 운동은 특히 불안감을 해소하고 적극적인 마음을 갖게 하는 데 효과적이다.

연예인들의 우울증은 인기에 대한 강박관념에서 오는 것이라 생각한다. 계속된 주변 동료들과의 인기에 대한 비교를 들 수 있다. 누구는 잘나가는데 자신은 모자라 보인다는 생각에 많이 힘들었을 것이다. 공교롭게도 자살을 선택한 연예인은 인기를 무척 누렸던 경우가 많다. 인기 있을 때의 자신의 모습은 너무나 멋져 보이지만 지금의 자신을 보니 너무 초라해 보이는 것이다. 도저히 지금 자신의 모습을 인정하고 싶지 않아 자신 스스로가 인기가 있을 때의 모습을 그리워한다. 우울증 이전에 자신의 비교하는 마음을 먼저 보아야 한다.

끝없는 비교를 한다. 물론 자라면서 부모와 학교의 영향이 크다. 형제들과의 비교, 반 학생들과의 비교, 동네 친구들과의 비교가 우울증과 자아정체에 혼란을 만든다. 우울증으로 고생하시는 분들은 마음 속에 자신이 바라는 모습을 가지고 있다. 그런 상태가 되기 위해 노력하지만 현실적으로 불가능하다는 생각에 갇혀 우울해한다. 우울증은 비교에 의한 자신의 욕심, 그것을 채우지 못했다는 것에서 오는 자멸감이라 할 수 있다.

우울증이 생기기 이전으로 돌아가야 한다.

그것은 비교에 의해 자신의 멋진 모습, 잘난 모습만 사랑해 주는 것이 아닌, 조금 모자라도 조금 부족해도 지금의 나의 모습을 사랑해 주는 것이다. 우울증은 극복하는 것이 아니다. 그저 나를 사랑해 주고 이해해 주면 생길 수가 없는 병이다. 우울증은 마음에서 오는 병이다. 마음이 나의 주인이 아닌 내가 마음의 주인이라는 생각을 해야 한다.

그것만이 자살을 막는 길이며 우울증을 극복하는 방법인 것이다.

2. 자살의 윤리적 문제점

자살의 윤리적 문제점에 대해서 제 생각을 몇 가지 적어 보자면 다음과 같다.

1) 생명 경시

다른 사람을 살인하는 것이 범죄라면 자기 자신을 살인하는 것 또한 잘못된 일이라고 할 수 있겠다. 이러한 생명존중의 의무에서 제기되는 자살의 윤리적 문제점은 기독교적 색채가 강하기도 하다. 예를 들면, '하느님이 주신 생명을 어떻게 마음대로 버릴 수가 있느냐'는 것이다.

2) 타인에 해를 끼치지 않아야 할 도덕적 의무의 위반

남겨진 사람들의 심적 고통을 생각한다면, 뭐 이 부분에 대해서는 길게 설명할 필요도 없겠다.

3) 파급효과 – 베르테르효과

이 경우는 일반 사람들보다는 대중에게 잘 알려진 연예인들과 같은 유명인들에게 더 잘 해당되겠다. 베르테르효과란 괴테의 소설 '젊은 베르테르의 슬픔'과 관련하여 나타난 말인데 소설 속에서 베르테르라는 남자 주인공이 자살을 하는데, 그 소설이 유럽 전반에서 히트하면서 그 책을 읽고 공감한 많은 사람들이 자살을 했다고 한다. 우리나라의 경우도 고(故) 최진실 씨의 자살 사건 이후 최진실 씨의 팬이었던 사람이 모방 자살을 해서 신문에서 크게 이슈화된 적이 있던 것으로 기억하는데, 비슷한 경우라고 할 수 있겠다.

자살은 나와 나의 관계에서, 나와 타인의 관계에서, 나와 신과의 관계에서 모두 어떤 의무를 저버리는 것으로 보인다.

3. 자살 예방의 노력들

우리나라의 자살자 수는 2003년 처음으로 '1만 명 선'을 깨고 10,898명을 기록했다. 이후 단 한 번도 1만 명 아래로 떨어지지 않았다. 2007년 기준 한국의 자살률(인구 10만 명당 자살자 수)은 24.8명으로 경제협력개발기구(OECD) 가입국 중 1위이며 가입국 전체 평균(11.9명)을 두 배 이상 웃돈다.

2000년 12,048명에 달하던 연간 교통사고 사망자는 2007년 7,604명으로 줄어든 반면, 자살자는 같은 기간 6,444명에서 12,174명으로 늘었다. 자살자 수는 2003년을 기점으로 교통사고 사망자 숫자를 추월했다. 자살 급증세는 젊은이들과 여성들 사이에서 특히 두드러진다. 지난 두 달간 강원도에서만 24명이 동반자살을 시도해 14명이 숨졌다. 상당수가 10~20대였다. 보건복지가족부 류지형(55) 정신건강정책과장은 "실업과 불황 등 경기 변동의 충격을 막을 복지제도가 부족한 데다 이혼율이 높아졌고, 유명인 자살을 모방하는 '베르테르효과'까지 겹친 것으로 보인다"고 했다. 자살은 개인의 불행을 넘어 막대한 사회적 손실을 초래하지만 자살을 막기 위한 우리 정부의 노력은 몇 년째 제자리걸음이다. 2006년 보건복지부(보건복지가족부)의 용역연구에 따르면 자살로 인한 사회·경제적 손실은 연간 1조 2,000억~3조 1,000억 원 규모로 추산된다. 정부는 사태의 심각성을 감안해 2004년부터 2008년까지 '자살 예방 5개년 종합대책'을 추진했었다. 2010년까지 18명 선으로 낮추는 것이 목표였다. 그러나 2009년, 2010년 매년 자살자는 늘고 있고, 그중에서 사회적 중요도를 더해 가는 지도자, 또는 연예인들의 자살 비중이 더 커지고 있다. 그리고 앞으로도 더 늘어날 것이다. 그 이유는 사회가 다변화되고, 다원화되며, 복잡해지고, 빠르게 움직이는 정신적 산물들이 많아지기 때문일 것이다. 그러므로 정부에서는 자살예방 부서를 만들어 자살을 근본적으로 미연에 방지하는 예방자살 차원의 관리가 필요할 것이다.

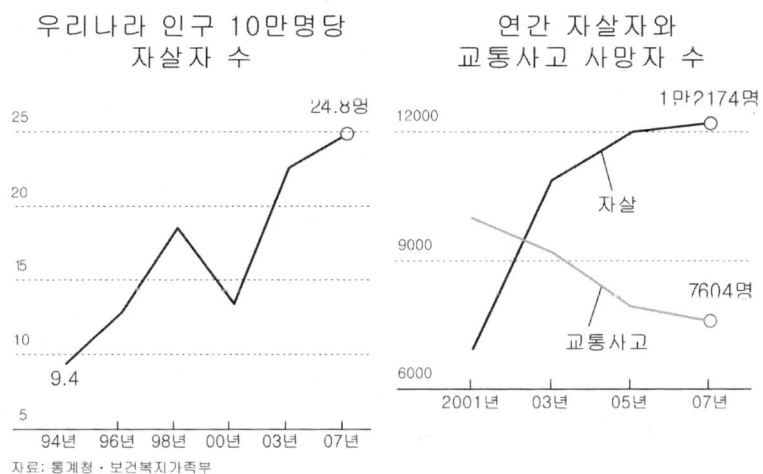

우리나라 인구 10만 명당 자살자 수

연간 자살자와 교통사고 사망자 수

자료: 통계청·보건복지가족부

그러나 정부가 실제로 자살 예방교육에 투입한 예산은 한 해 5억~6억원에 불과했다. 정부는 자살률을 낮추지 못한 채 1차 계획을 종료했다.

전문가들은 자살률을 낮추려면 예방교육을 대폭 확대해야 한다고 지적한다. 우울증 환자와 자살 미수자 치료뿐 아니라, 일반인의 인식도 바꿔야 자살이 줄어든다고 한다.

육성필(42) 한국QPR자살예방연구소 소장은 "교사들에게 자살 예방교육을 하러 가면 '괜히 수업 중에 자살 얘기를 꺼냈다가 아이들이 따라 죽으면 어떡하느냐'는 질문을 자주 받는다"고 했다. 학교와 기업체에 자살 예방 교육을 제안해도 "우리 학교(회사)에 대해 안 좋은 이야기라도 들었냐"며 거절당하기 일쑤라고 한다. 육 소장은 "자살은 쉬쉬하면 할수록 음지화한다"고 했다.

미국에서는 1960~70년대에 걸쳐 "자살이 개인의 선택이냐, 국가가 개입할 사안이냐"를 놓고 치열한 논쟁이 벌어졌다. 이후 이 논쟁은 "자살은 예방이 가능한 사회적 문제"라는 결론으로 수렴됐다. 이에 따라 미국 정부는 1970년대부터 정신질환자나 자살 미수자뿐만 아니라 중고생(미네소타 주), 15~24세 젊은이(메릴랜드 주) 등을 대상으로 자살 예방법을 교육하고 있다. 미국의 자살률은 우리나라의 절반 이하(10.1명)다.

1990년까지 인구 10만 명당 30명이 자살해 '자살의 수도'라고 불렸던 핀란드의 경우, 10년 동안 '국가 자살 예방 프로그램'을 실시해 자살률을 18명(2005년 기준)까지 낮췄다. 1990년 인구 10만 명당 20명 이상이 자살하던 덴마크도 학생, 교사뿐만 아니라 학부모에게까지 광범위한 자살 예방 교육을 실시해 자살률이 우리나라의 절반 이하(11명)로 떨어졌다. 우리나라도 전국 151개 시·군·구에 정신보건센터가 마련돼 있지만 우울증 환자 관리와 초·중·고생 정신건강검진을 함께 맡고 있어 일반인을 대상으로 한 자살 예방 교육은 엄두를 내지 못하는 상황이다. 보건복지가족부는 지난해 12월 '자살 예방 5개년 종합대책 2차 사업'을 발표하고, 올해 예산으로 594억 원을 투입했다. 하지만 이 가운데 지하철역 스크린 도어 설치 등 간접 예산을 제외하고 자살 예방 교육에 직접 쓰이는 돈은 13억 원에 불과하다. 이런 소극적인 대처는 이웃 일본과 극명하게 대비된다. 한국, 헝가리와 함께 OECD 국가 가운데 가장 자살률이 높은 국가 중 하나인 일본은 2008

년 각종 자살 예방 사업에 225억 엔(약 2,889억 원)을 썼다. 이 중 104억 엔(약 1,335억 원)이 문부과학성이 주도하는 학교 자살 방지 교육에 투입됐다.

강북삼성병원 정신과 임세원(38) 교수는 "한국 사회에는 '오죽 답답했으면……'이라고 자살을 관대하게 보는 분위기가 있다"며 "그간의 예방책이 상담전화 등 개인의 위기 대응 차원의 접근이었다면 이제는 교육을 통해 사회적 인식을 바꾸는 노력이 필요하다"고 했다(조선일보 게재).

한국 자살예방협회에서 결의문을 채택하고 자살을 예방하고 있다.

〈자살 없는 건강한 사회 만들기! - 국민에게 드리는 글〉

국민 여러분께!

우리나라는 현재 소중한 목숨을 스스로 끊는 사람들이 해마다 크게 늘었습니다. 지난 한 해 동안 자살한 사람은 12,000여 명으로 하루 평균 34명에 달했습니다. 자살 증가율도 세계 최고입니다. 인구 10만 명당 자살 사망률은 24.8명으로 10년 전 13명에 비해 배 가까이 증가한 수치입니다. 우리나라 국민의 사망원인 중 자살로 인한 사망은 암, 뇌혈관질환, 심장질환에 이어 네 번째로 대안 마련이 시급한 상황입니다.

최근 유명 연예인과 사회지도층인사의 잇따른 자살이 사회에 미친 파장이 크고, 심각한 경제위기에 처해 있는 한국 사회에 1997년 IMF 위기 당시 '자살률 급증'이란 악몽이 재현될까 우려하지 않을 수 없습니다. 이에 우리는 더 이상 소리 없이 죽어 가는 익명의 외침을 외면할 수 없어 '자살 없는 건강한 사회 만들기'를 위한 성명서를 발표하게 되었습니다.

우리나라는 지난 반세기 동안 압축 경제성장 근대화를 통해 수천
년 전통의 '고요와 평온의 나라(The Land of Morning Calm)'가 '역동의
나라(Dynamic Korea)'가 되어 전 세계인의 부러움과 질시의 대상이 되
고 있습니다. 우리나라는 이제 경제대국의 대열에 진입했고, 분명 물
질적인 풍요로움과 생활수준 향상으로 평균수명은 선진국에 비견하
고 있습니다.

그럼에도 불구하고 우리나라는 예의와 질서의 실종, 이혼율의 증
가와 가족제도의 붕괴, 개인주의, 물질주의, 성취 위주의 가치관, 정
신력의 약화, 생명경시풍조, 정신질환의 급증 등에 직면하고 있습니
다. 이는 '경이적'인 성장 발전의 이면입니다. 이처럼 급격한 사회변
화에 따른 부정적 측면은 우리나라의 높은 자살률과 낮은 행복지수
의 토양이 되고 있습니다.

이제 우리는 우리 삶의 목적과 의미, 삶의 질에 눈을 돌려야 합니
다. 물질적 가치만 추구하지 않고 생명의 소중함과 내면의 정신적 가
치의 중요함을 재인식함으로써 진정한 인간성과 생명의 존엄성을 회
복해야 할 때가 온 것입니다. 교통사고보다 높게 치솟는 자살률에 제
동을 걸고 단 한 명이라도 소중한 생명을 구할 수 있는 범국민적 자
살예방 사업과 실천계획이 개발돼야 합니다. 그래야만 대한민국은 진
정한 선진국, 성숙한 사회가 될 수 있습니다.

어떤 이유에서든 자살은 용납될 수 없습니다. 어떤 역경에서도 자
살이 고통으로부터의 도피, 문제 해결의 방법이 되어서는 안 됩니다.
자살행위는 어떤 형태이든 '도움을 청하는 절규'인 것입니다. 우리 모
두 이 절규에 응답하고 우리나라를 자살 없는 건강한 사회로 만들기

위해 온 국민과 정부, 그리고 관련단체의 적극적인 참여와 실천을 강력히 호소합니다.

〈공동 결의문〉

우리는 국민의 소중한 생명을 지키고 심각한 자살문제를 조속히 해결하기 위한 선결과제로서 다음의 실천사항을 국민, 사회단체, 정부에 촉구합니다.

국민 여러분께! 촉구합니다!

생명은 그 자체로서 존엄하며 그 무엇보다도 중요시되고 그 무엇으로도 바꿀 수 없는 최상위의 가치이므로 국민은 자신과 타인의 생명을 지킬 의무를 지니며, 생명을 지키기 위한 다음의 노력에 동참한다.

첫 번째, 어떤 고통과 역경에서도 생명을 침해하는 것을 도피와 문제해결의 수단으로 삼아서는 안 되며, 혼자 힘으로 극복하기 어려울 때 가족, 친구, 종교지도자에게 도움을 구하고 필요하면 전문가로부터 상담과 치료받는 것을 주저하지 말자.

두 번째, 우리 각자는 자신감과 긍정적 사고, 원만한 대인관계를 통한 인간적 유대와 지지의 확보, 좌절과 실패에 대한 감내력, 분노조절능력, 스트레스관리－문제 해결능력 등 정신건강과 자아강건성, 탄력성 증진을 위한 자구적 노력을 한다.

세 번째, 우리 모두 자살을 포함한 자해행동의 징후를 알아차리고 즉시 도움의 손길을 주는 생명의 파수꾼, 생명지킴이가 된다.

네 번째, 자살의 주요 원인인 우울증을 비롯한 정신질환에 대한 오해와 편견을 해소하고 이를 예방하고 충분한 치료를 받을 수 있도록 국민 스스로 올바른 사회분위기를 조성하기 위한 노력을 해야 한다.

다섯 번째, 건강한 가정은 우리의 안식처이며 정서적 지지의 원천이다. 따라서 가정의 붕괴를 최소화하기 위하여 결혼은 신중하게, 이혼은 심사숙고해 결정하며, 건강한 가족 기능과 유대를 강화한다.

여섯 번째, '동반자살'은 잘못 명명된 '가족 살해 후 자살'로서 명백한 존속 살해이며 결코 자행되어서도, 용납되어서도 안 된다.

사회 각 단체에 촉구합니다!

생명존중사회 구현, '자살 없는 건강사회 만들기' 위해서는 개인뿐만 아니라 사회단체 모두가 적극적인 자살예방활동에 동참해야 한다.

첫 번째, 생명의 존엄성과 자살에 대한 올바른 인식, 예방교육은 학교에서부터 실시되어야 하며, 사회성 기술, 또래 돕기, 이웃 사랑과 배려 증진 등 인성교육을 동시에 제공한다.

두 번째, 언론은 자살 관련 보도를 할 때 '언론의 자살 보도 기준'을 준수하고, 자살은 어떤 이유로도 과장, 미화되거나 정당화되어서는 안 된다. 유명인 자살의 경우 사회 전반에 미치는 영향을 고려하여 보도 내용과 방법에 신중을 기하며, 자살의 부당성과 비극성, 다른 선택의 필요성을 함께 전해야 한다.

세 번째, 인터넷포털은 자살을 교사, 조장, 모방하는 자살사이트 및 유해 정보 제공을 철저히 차단하고, 악성 댓글('악플')에 대한 적절한 조처와 함께 '선플', 칭찬하기를 장려한다.

네 번째, 관련전문가 및 단체들은 다양한 교육, 훈련 프로그램을 실시하여 자살예방 및 치료역량을 강화하고 자살예방전문가를 양성한다.

다섯 번째, 자살로 인한 사망자 유가족의 마음의 상처와 고통을 이해하고 나누며, 유가족을 위한 지지 및 상담 서비스역량을 강화한다.

여섯 번째, 모든 종교단체는 종파를 초월하여 생명존중, 고통의 의미, 자살의 부당성을 전달하는 데 앞장서고 자살위기에 처한 사람들을 적극적으로 돕는다.

정부와 국회에 촉구합니다!

개인, 사회뿐만 아니라 정부도 자살이 우리나라의 심각한 건강문제이자 사회적 문제임을 인식하고 생명이 존중되고 자살률이 낮은 건강한 복지국가를 만들기 위한 정책을 최우선적으로 추진할 것을 촉구한다.

첫 번째, 정부는 우리나라 자살현상의 원인 및 실태를 파악하고 구체적인 대책을 수립하기 위하여 역학조사, 심리적 부검, 특성, 대처방안 등 자살예방과 치료에 관한 체계적인 연구와 조사를 수행하여야 한다.

두 번째, 정부는 치명적 자살방법(농약, 목맴, 투신 등)에의 접근을 차단하는 방안을 조속히 모색하고 시행하여야 한다.

세 번째, 지역사회 자살예방정책으로서 각 시·도에 자살 시도자나 자살 고위험자를 치료, 상담, 추적 관리하는 위기개입팀이 조직되고 자살예방센터를 설립해야 한다.

네 번째, 정부와 국회는 자살예방과 치료를 국정 최우선과제로 선정하고 자살예방과 치료를 실천하기 위해 필요한 정책적, 행정적, 재정적 조치를 위하고 '자살예방법'의 입법을 조속히 추진하여야 한다.

2008년 10월 17일

'자살 없는 건강한 사회 만들기' 사회지도자 및 각계 시민단체

4. 왜 우리나라는 자살률 세계 1위인가

- 봉급자 중 50%가 비정규직: 세계 1위 비정규직 비율, OECD 평균 30%
- 취업자 중 영세자영업자 비율 34%: 세계 1위, OECD 평균 20%
- 사교육비 부담 세계 1위: OECD 평균의 3배
- 공공임대주택 비율 세계 최저 1위: 한국 4%, OECD 평균 15%
- 부동산 버블 세계 1위: 한국 PIR 12, 일본 PIR 6
- 출산율 세계 최저 1위: 취업 및 집 문제로 결혼해도 애를 안 낳는 것 등
- 비정규직(88만 원 세대) 비율 50% 이상: OECD 1위(세계 1위라는 뜻), OECD 평균은 30%
- 사교육 부담 세계 1위: OECD 평균의 3배 수준
- 자영업자 비율 세계 1위: 한국 34%, 일본 15%, 미국 10%, 서유럽 10%
- 식당 1개당 인구 수 1위(인구 수가 적을수록 경쟁이 치열하다는 말이다): 한국 70명, 일본 160명, 미국 550명
- 대학진학률 세계 1위: 84% 대학진학 → 50%는 비정규직 취업
- 한국 대학등록금 연 1천만 원 시대: 프랑스, 독일, 유럽의 대학 등록금, 연 50만 원
- 미국 대학생 80% 이상 장학금 혜택: 저소득층 대부분 장학금 혜택
- 대학등록금에 필요한 돈: 연 5조 원
- 부동산 종부세·양도세 등 부자감세로 줄어들 세수/돈: 연 20조 원

· 4대강(대운하 전초사업) 삽질에 30조 원 투입
· 한국 부동산 버블 정도(특히 수도권) 세계 1위
· 한국 평야 대비 인구 밀도 세계 1위, 면적 대비 세계 3위

5. 자살하려는 사람들의 심리

자살하고자 히는 사람들의 심리를 살펴보았다.

애니어그램으로 살펴보면 다음과 같다. 애니어그램은 사람의 성향을 9가지로 나눈다.

1번 유형(규칙): 삶은 순리대로 법칙대로 살아야 해. 그럼 사람의 도리에 벗어나지 않고 살 수 있어.

2번 유형(돌보는 사람): 사람은 혼자 사는 것이 아니야. 서로를 돌보고 이해하면서 함께 살아가는 것이야.

3번 유형(성공): 사람이 태어났으면 원하는 바를 이루고 인정받아야지.

4번 유형(예술): 난 다른 사람들이 말하는 의미 말고 나의 의미를 찾고 싶어.

5번 유형(학자): 많이 알고 싶어. 그리고 본질을 찾고 싶어.

6번 유형(준비): 삶을 미리미리 준비하면 어려운 일은 없을 거야.

7번 유형(유희): 삶을 즐겁게 살아야지 인생 뭐 있어.

8번 유형(신념): 난 내가 옳다고 생각하는 일에 최선을 다할 거야.

틀린 것을 바로잡을 거야.

9번 유형(평화): 평화롭게 살고 싶어. 뭐가 중요한지, 뭘 더 가지는지 난 관심 없어.

다양한 유형의 성격을 잘 파악하여 현실에 적응하며, 적극적으로 현실을 타개하는 작업이 자살을 예방하는 길일 것이다. 그리고 우울증을 조기에 치료할 수 있어야 한다. 그러자면 우울증은 어떠한 것이 우울증인지를 알아야 한다.

6. 우울증, 우리의 현실

자살한 사람의 80%가량이 우울증에 의한 것임이 알려질 만큼 자살에 있어서 우울증의 영향은 매우 크다고 할 수 있다. 어떤 학자는 모든 자살은 우울증에 의한 것이라고 주장하기도 한다.

유명인들의 자살과 우울증에 대한 기사들을 접하면서 느껴지는 한 가지 안타까운 점은, 그게 단지 세상 사람들의 호기심만 자극하고 이내 잊혀 버리고 마는 또 하나의 선정적인 연예 기사로 그치는 것이 아닌가 하는 아쉬움이다. 그들이 죽음 이전에 미리 자신에게 우울증이 있음을 공개하고 적극적으로 치료하고 극복하는 모습을 보여 줬더라면 얼마나 좋았을까? 본인에게는 물론이고 다른 많은 우울증 환자들에게도 유익이 되었을 텐데 말이다. 외국의 인기 토크쇼에는 종종 유명인사들이 출연해서 자신의 우울증 극복기를 편안하게 얘기하는 모습을 볼 수 있다. 우리에게는 그럴 만한 용기 있는 스타가 많지 않은 게 아쉽고 그럴 만한 성숙하고 영향력 있는 방송이 없는 게 아쉽다. 하지만 스타 개인과 방송사만 탓할 수는 없다. 우리 모두가 그런 사회적 분위기의 형성에 책임이 있기 때문이다. 우리 사회는 우울증과 같은 심리적 질환에 대해 부정적으로 보는 시각이 강하다. 우울증은 우리 주변에 너무 많으며, 우울증을 앓는 것이 결코 부끄러운 일이 아니다. 오히려 쉬쉬하고 숨기는 것이 더 큰 문제다.

언론에 소개되는 우울증 보도들이 대개 자살과 같은 큰 사건과 연관되다 보니 사람들의 의식에 모든 우울증이 다 자살로 가는 것으로 오해되지나 않을까 걱정이 된다. 그런 오해들은 오히려 우울증을 앓고 있는 사람으로 하여금 자신의 상태를 더 떳떳하게 공개하지 못하도록 만드는 요소가 된다. 모든 병이 그렇듯이 우울증의 심각도는 개인마다 다른 것이다. 입원치료와 같은 적극적인 조치가 필요한 심각한 우울증에서부터 가족의 따뜻한 관심과 배려로 호전이 될 수 있는 가벼운 우울증도 있는 것이다.

왜 그토록 우울증이 많아지고 점점 더 사회적으로 문제가 되고 있는가? 우리는 우울증에 걸리기 쉬운 사회 속에서 살고 있다. 노인들은 맘 붙일 곳 없어 거리로 내몰리고, 아버지들은 실직의 위협 속에서 힘든 직장생활을 묵묵히 참고 견뎌야 하고, 어머니들은 자아를 포기하고 가족들을 위한 뒷바라지에 매달려야 하고, 자녀들은 치열한 경쟁 속에서 살아남으려고 엄청난 공부 스트레스와 싸워야 한다. 남녀노소를 막론하고 우울증의 위험에서 자유로운 사람은 아무도 없다. 우울증은 자살을 부를 수 있을 만큼 개인에게는 치명적이면서도 사회적으로는 생산성이나 업무효율을 심각하게 훼손시킴으로써 지대한 사회적·경제적 손실을 초래한다. 그래서 우울증은 우리 모두가 관심을 갖고 공동으로 대처해야 하는 문제인 것이다.

GDP 대비 의료비를 다음 그림을 통해 볼 수 있는데, 의료비율이 높은 나라일수록 자살률과 질병률, 우울증률이 적어지는데, 이것은 살기 좋은 생활이 곧 자살률 저하로 이어진다는 것이다. 우리나라는 최하위에 있기에 자살률이 높아지는 것을 추론할 수 있다.

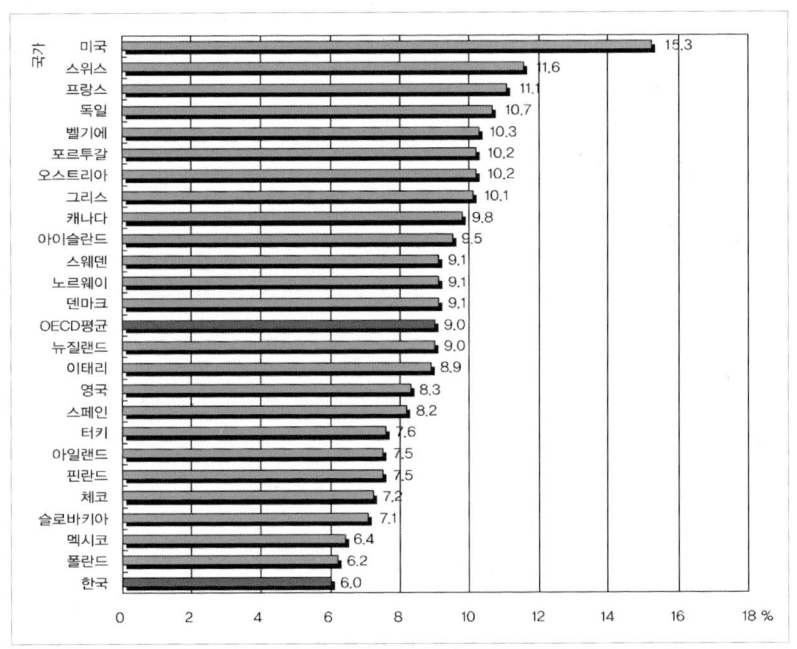

GDP 대비 의료비와 자살률와의 관계

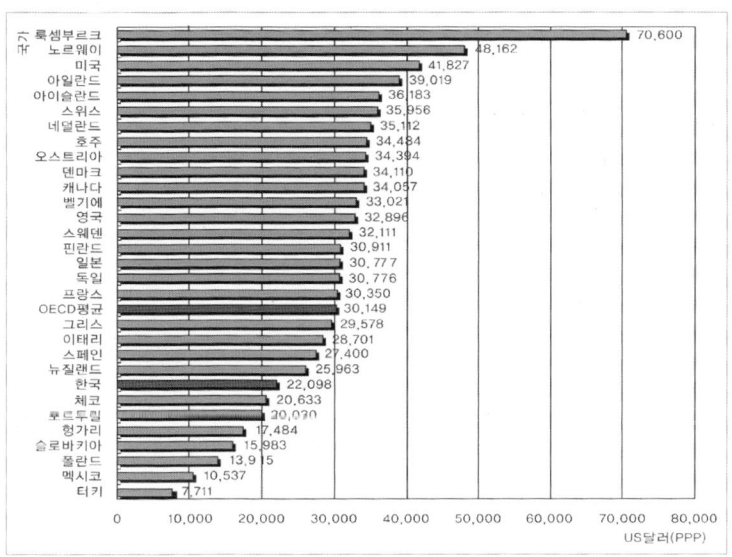

국민 1인당 GDP(30개 국가)

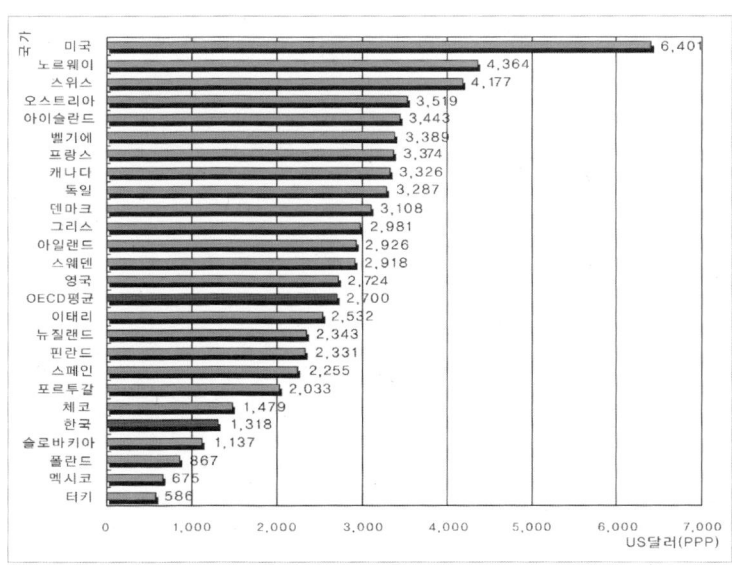

국민 1인당 국민의료비(25개 국가)

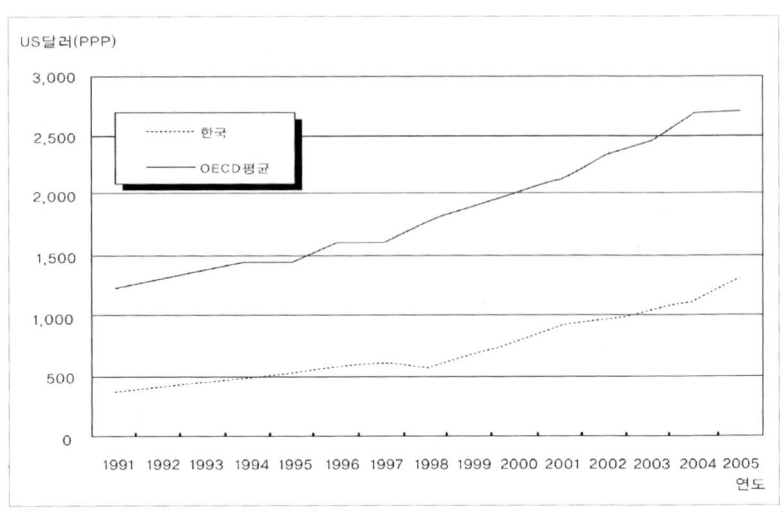

US달러(PPP)

국민 1인당 국민의료비 추이

한국의 국민의료비 대비 공공보건지출 비율은 OECD 25개 국가들 중 그리스(42.8%), 미국(45.1%), 멕시코(45.5%) 다음으로 가장 낮은 것으로 나타났다. 이는 OECD 평균인 72.1%와 비교했을 때에도 20%p 정도 낮은 수치로 향후 보장성 확대를 통한 공공보건지출 비율의 지속적인 증대 방향으로 보건의료정책을 모색해야만 자살률을 줄일 수 있다는 결론에 이르게 된다.

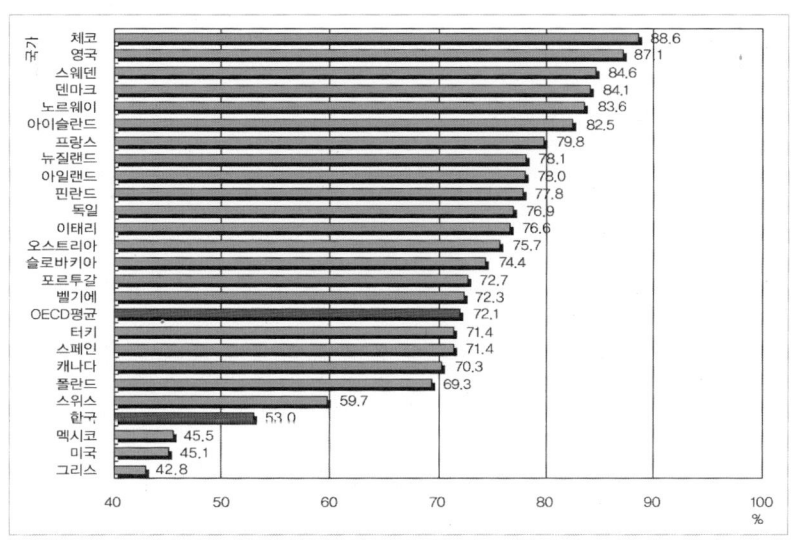

국민의료비 대비 공공보건지출 비율(25개 국가)

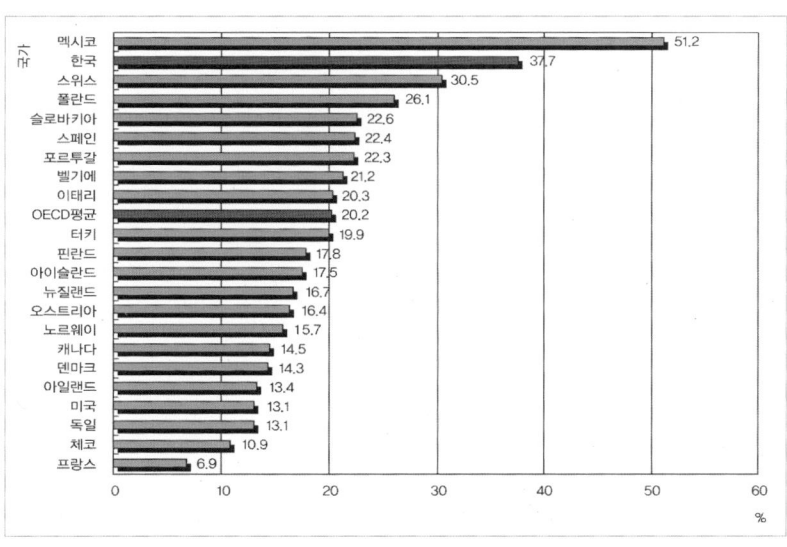

국민의료비 대비 본인부담 비율(22개 국가)

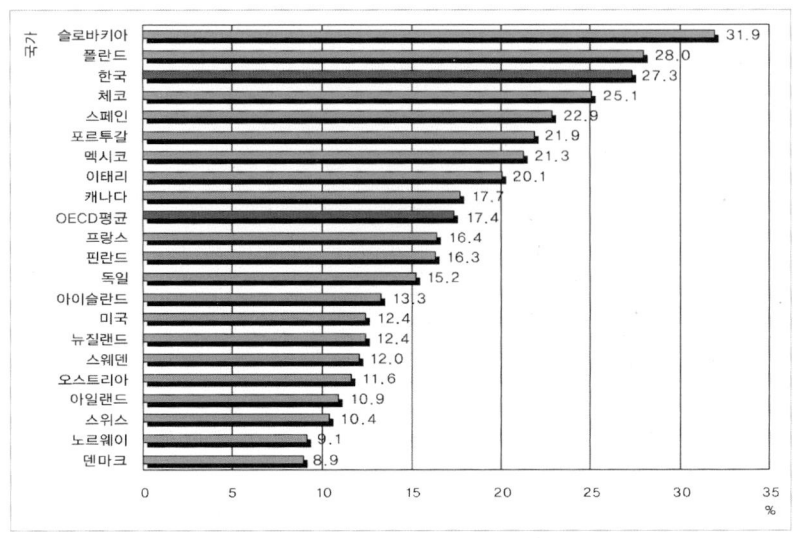

국민의료비 대비 의약품 지출 비율(21개 국가)

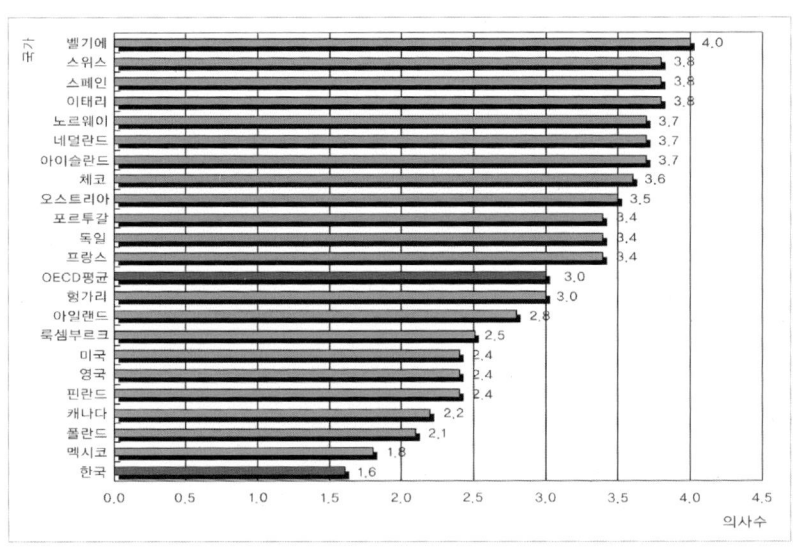

인구 천 명당 의사 수(22개 국가)

의사의 경우에서처럼 한국의 인구 천 명당 간호사 수[1]도 1.9명으로 OECD 19개 국가들 중 최저 수준이며, OECD 평균치인 9.0명에 비하여 7명이나 적다. OECD 19개 국가들 중 인구 천 명당 간호사 수는 노르웨이(15.4명)와 아일랜드(15.2명)가 가장 많은 수를 기록하였고, 멕시코(2.2명)가 한국 다음으로 적은 수를 나타내고 있다. 이런 실정이기 때문에 자살 예방과 치료가 제대로 이루어지지 않고 있는 실정이다.

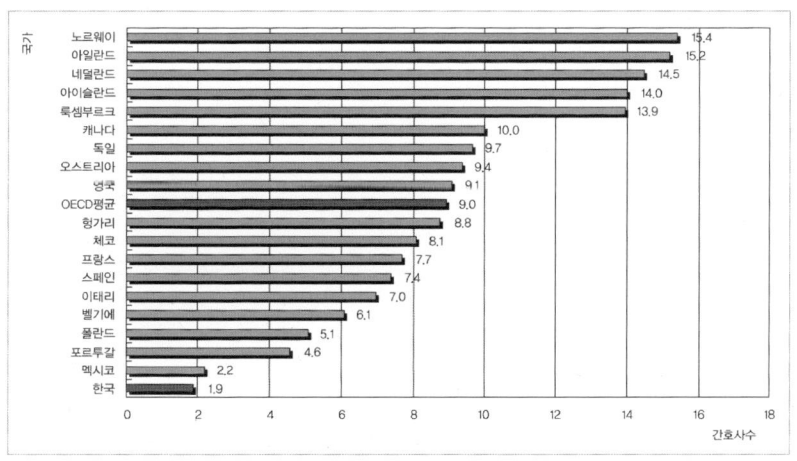

인구 천 명당 간호사 수(19개 국가)

빠르게 증가하는 급성기 의료병상 수는 한편으로 현행 보건의료체계하에서 병실 병상 수에 대한 부적절한 수용 계획 때문이며, 다른 한편으로는 장기요양병상과 급성기 의료병상과의 구분 개념이 없기 때문이다.

---

1) 간호조무사 포함.

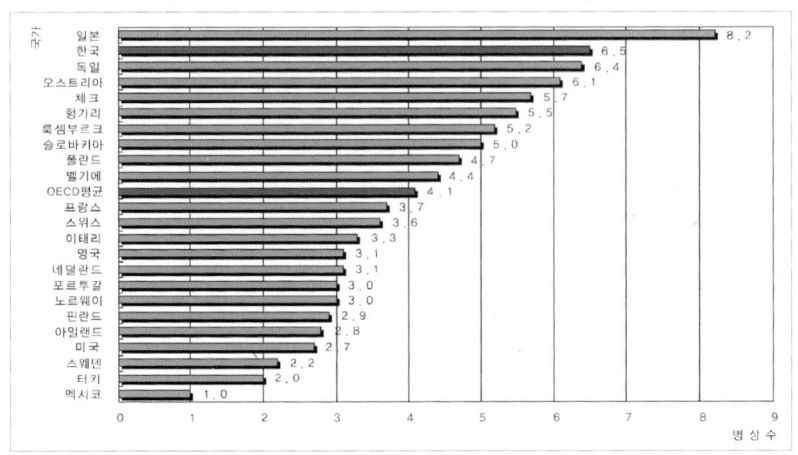

인구 천 명당 급성기 의료병상 수(23개국)

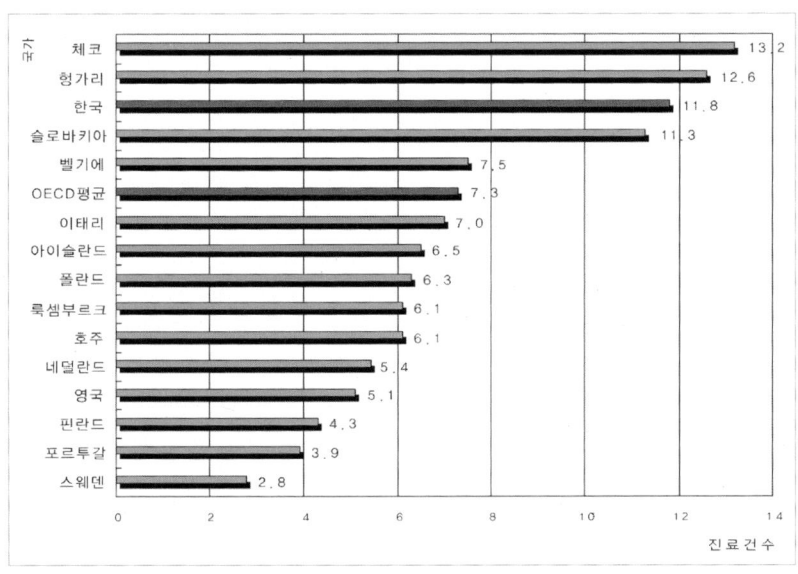

국민 1인당 의사 방문 횟수(15개 국가)

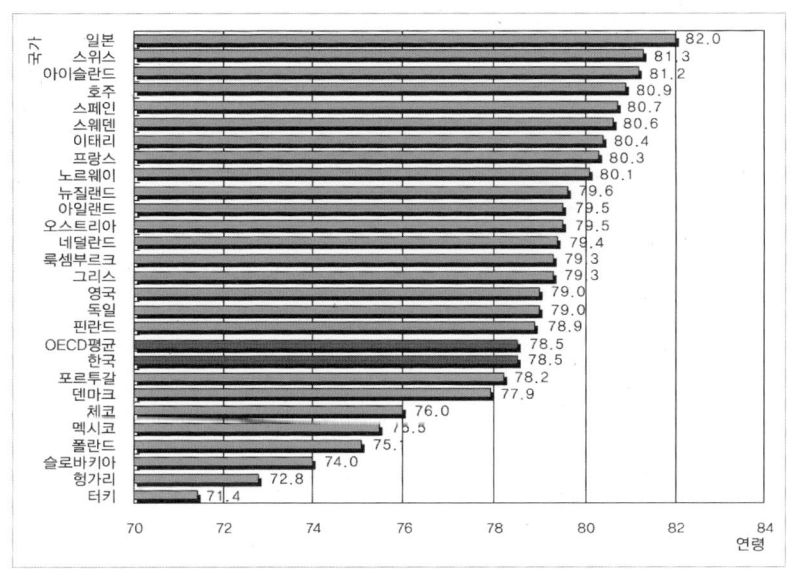

국민 1인당 평균 기대수명(27개 국가)

　　한국 전체 인구 중 건강상태가 양호한 인구 비율은 47.4%로서
OECD 15개 국가의 평균인 69.5%에 비하여 낮다. OECD 15개 국가 중
인구의 건강상태가 가장 양호하다고 보고한 국가로는 미국과 캐나다
로 각각 전체 인구 중 88.7%와 88.4%를 기록하고 있다.

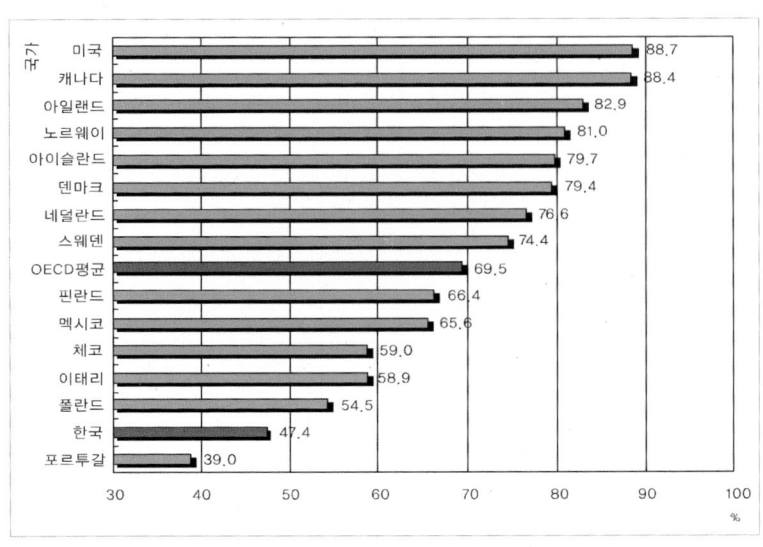

전체 국민 중 건강 상태가 양호한 인구 비율(15개 국가)

OECD국가의 연령표준화 사망률

국가명	연도	자살	국가명	연도	자살
	2009	24.8	폴란드	2004	14.0
	2008	21.5	스위스	2004	14.0
한국	2007	24.7	영국	2004	6.3
	2006	24.2	포르투갈	2003	8.7
	2003	23.3	헝가리	2003	22.6
오스트리아	2005	13.8	프랑스	2003	15.3
아일랜드	2005	9.2	호주	2003	10.2
네덜란드	2004	7.9	미국	2002	10.2
독일	2004	10.3	스웨덴	2002	11.4
룩셈부르크	2004	12.5	슬로바키아	2002	11.9
체코	2004	13.0	이태리	2002	5.6
핀란드	2004	18.4	캐나다	2002	10.6
그리스	2004	2.6	덴마크	2001	11.3
노르웨이	2004	10.9	뉴질랜드	2001	13.0
스페인	2004	6.6	벨기에	1997	18.4
아이슬란드	2004	11.7	멕시코	1995	3.8
일본	2004	19.1			

주) 연령구조 차이가 제거된 국제 간 비교를 위해서 OECD 기준인구로 표준화한 사망률
자료: OECD Health Data., 2007

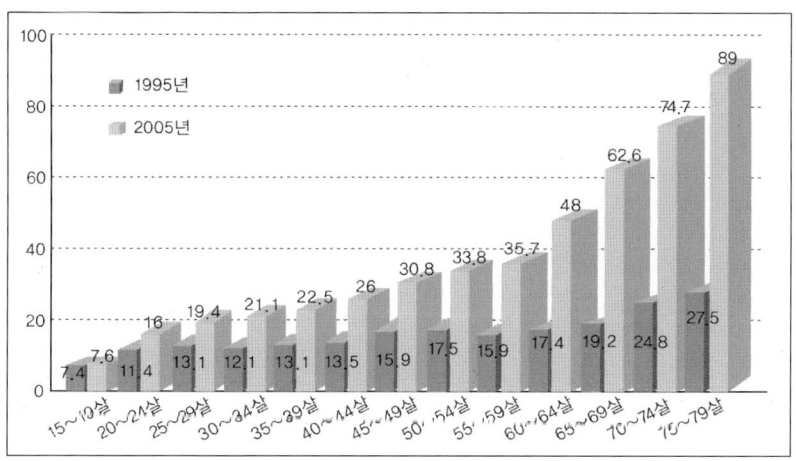

인구 10만 명당 자살률 추이(단위: 명)

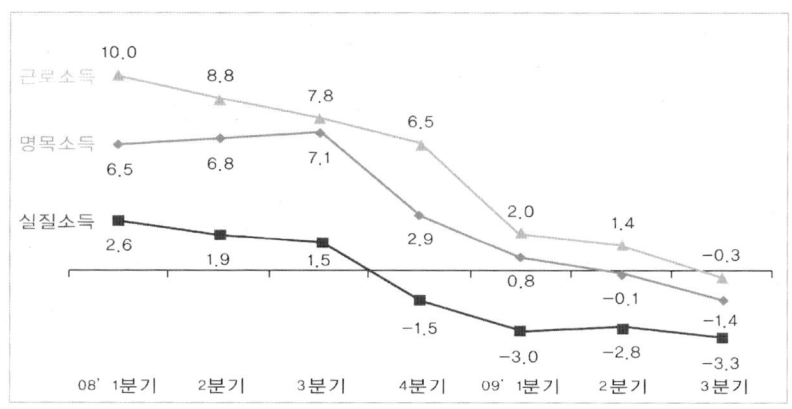

분기별 소득 증감률 추이(단위: %)

  분기별 소득증감의 차이에서도 자살 충동에 관한 영향을 미친다. 경제적으로 힘들거나 지나치게 경제적 풍요를 누리면 자살 충동을 많이 느끼게 되는 상황이다.

1) 우울증

사람은 누구나 살면서 기분의 저하를 겪을 수 있지만 그것을 다 우울증이라고 하지는 않는다. 우울증은 단순한 기분의 저하 그 이상의 의미가 있다. 우울증을 앓는 사람들은 대개 의욕저하, 흥미결여, 무기력감, 피로감, 무가치감, 짜증스러운 기분, 분노조절의 곤란, 집중력이나 기억력의 저하 등과 같은 심리적 문제들과 함께 수면장애, 식욕저하, 성욕저하, 가슴 두근거리거나 답답함과 같은 신체적인 문제들이 동반됨으로써 예전과 질적으로 달라진 자신의 모습을 느끼게 된다. 이런 증상들이 전부 나타나는 것이 아니고 그중 일부만 나타날 수도 있다. 우울증이 오게 되는 원인으로 스트레스를 주는 뚜렷한 사건이 계기가 되는 경우도 있지만, 아무런 이유 없이 기분이 가라앉을 때도 있다. 갑작스럽게 찾아온 우울증은 누구나 알 수가 있지만 너무나 서서히 진행되어 온 우울증의 경우에는 본인마저도 모를 수가 있다. 그런 이들은 누구나 그렇게 힘겹게 사는 것이라고 자위하며 살기 때문에 치료가 늦어지는 경우가 많다. 따라서 자신의 현재 삶에 만족하지 못하고 다양한 심리적·신체적 문제들로 고통을 받는 사람이라면 더 이상 자신을 방치하지 말고 전문적인 도움을 요청해 보는 것이 좋을 것이다. 임상에서 만나는 가장 안타까운 우울증 사례들은, 배우자로 인해서 그 병이 왔음에도 불구하고 그 배우자의 방해로 치료가 지속되지 못하는 경우들이다. 흔히 남편들은 자신의 아내에게 우울증이 왔다는 사실을 인정하기를 싫어하며, 우울증을 '할 일이 없어서' 혹은 '배가 불러서' 생기는 것으로 치부해 버리고, 정신과에 가는 것을 수치나 체면의 손상으로 여기기도 한다. 어이없게도 우울증 환자의 치료에 가장 방해가 되는 사람이 바로 가장 가까운 가족이라는 이 안타까운 현실은 바로 우울증에 대한 오해와 무지 때문에 유래하는 것이다. 어찌 보면 열린 마음으로 가족의 필요를 채워 주지 못하는 그런 완고한 태도가 우울증을 초래하는지도 모른다.

2) 우울증의 치료

우울증은 생물학적인 원인에 의해 오는 것임이 거의 확실하게 밝혀지고 있다. 즉, 유전적인 원인이든 혹은 삶의 연속된 스트레스가 원인이든 간에 우울증의 최종 통로는 뇌의 신경전달체계의 화학적 불균형임이 밝혀지고 있다. 인간의 뇌에는 수십 가지 종류 이상의 신경전달물질이 있는데, 그중에서도 특히 세로토닌의 분비조절에 이상이 올 경우에 우울증이 발생할 수 있는 것이다. 그래서 우울증의 치료는 이런 신경전달물질들의 균형을 복원시켜 주는 약을 먹음으로써 가능하다. 프로작, 세로자트, 졸로푸트, 렉사프로, 이팩사와 같은 대표적인 항우울제들의 역할은 바로 뇌에서의 화학적 균형을 회복시켜 주는 것이다. 이 약들은 안전하며 심한 부작용도 별로 없다. 우울증 치료의 근간은 이런 약을 먹음으로써 이뤄지지만 그것만이 충분조건은 아니다. 환자 본인은 자신의 정신건강을 온전한 상태로 지탱해 줄 수 있는 요소들을 보완하고 확충해 나가는 삶의 방식을 찾아야 한다. 가족들은 환자가 충분히 치료가 될 때까지 잘 격려해 주고, 환자가 가졌던 삶의 부담들을 줄여 주는 노력을 같이해 나가야 할 것이다. 우울증은 이미 우리 삶의 일부가 되어 버렸다. 혹시 내 아내가 혹은 내 남편이 우울증은 아닌지 자문해 보고 그이가 편안하게 치료받을 수 있도록 도와야 하는 것이 사랑하는 사람으로서 우리의 의무다.

7. 자살률

2008년 우리나라에서 자살로 사망한 사람은 12,858명이었다. 하루 평균 35명, 40분마다 1명꼴로 자살을 선택했다. 국내에선 암 다음으로 사망률이 가장 높다. 부끄럽지만 한국 자살률은 경제협력개발기구(OECD) 회원국 중 헝가리 다음으로 2위에 올라 있다. 자살은 우울증과 관련이 깊다. 우종민 인제대 백병원 정신과 교수는 "자살 시도자 중 3분의 2는 우울증 환자고 자살 성공률 또한 높아 평소와 달리 기운이 없고 삶에 의욕이 없을 때는 우울증을 의심해 볼 수 있다"고 말했다. 우울증은 슬프고 우울한 기분, 비관적이고 부정적인 생각, 불면, 식욕 감퇴, 피곤함, 성욕 감퇴, 의욕 저하 등을 특징으로 하는 정신과 장애며 죽음까지 부를 수 있는 질환이다.

한창수 고려대 안산병원 정신과 교수는 "간단한 자가진단을 통해 우울증이 의심된다면 가까운 병원을 찾아 정확한 진단을 받아보는 것이 좋다"며 "우울증을 이겨 낼 수 있는 생활습관을 유지하는 것이 중요하다"고 지적한다. 우울증 극복에 좋은 생활습관은 규칙적인 일상생활을 지속하고 가벼운 운동을 통해 기분을 전환하는 것이 좋다.

또 고민을 가족이나 친구에게 자주 상의하는 것이 바람직하다. 과도한 음주와 흡연을 자제하고 습관성 약물 복용과 낮잠 역시 피하는 것이 좋다. 이 같은 생활습관에도 불구하고 의욕 저하와 우울한 기분이 2주 이상 지속된다면 정신과 전문의에게 도움을 구하는 것이 현명한 방법이다.[2]

---

2) http://bbs.freechal.com/ComService/Activity/estimBBS/CsBBSContent.asp?GrpId=983126&ObjSeq=3&Docld=17126368

셰익스피어의 말처럼 인생은 연극이고 우리는 그 연극의 배우라면, 죽음은 무대에서의 퇴장을 의미한다. 그중에서도 자살은 가장 극적인 형태의 퇴장이다. 자살의 극적 효과는 파장을 일으킨다. 배우는 이런 파장을 미리 예견했을 뿐만 아니라, 의도한 바이기도 하다. 무대를 인식하고, 파장을 예상해서 배우는 자살을 준비한다. 무대가 없었다면, 사회가 없었다면, 자살 역시 없다. 생존의 본능에 위배되는 자살은 사회적 동물이기에 가능한 일이다. 결국 자살은 사회적 죽음이다.

곧 자살은 '사회의, 사회를 위한, 사회에 의한 죽음'이라고 정의 내릴 수 있다. 뒤르켐은 자살을 이기적·이타적·아노미적 자살로 구분했다. 이때 이타적 자살은 '사회를 위한' 자살에 해당하며, 아노미적 자살은 '사회에 의한' 자살에 해당된다고 볼 수 있다. 개인과 사회의 통합력이 약해서 일어나는 이기적 자살도 사회 속에서 일어나는 '사회의 자살'이라는 점에서는 다를 바가 없다. 가정불화와 실연 같은 이기적 자살의 고전적인 원인을 살펴보면 모두 관계 속에서 발생함을 알 수 있다. 사람 사이의 관계를 형성하고 규정짓는 것은 사회이다. 결국 이기적 자살도 사회 속에서 살아가기에 벌어지는 일이다.

관계와 상관없는 개인의 실존적 문제로 인한 자살이라 하더라도 사회와 관련성을 피해 갈 수 없다. 어떤 문화권에서도 어느 정도 자살을 미화하는 전통을 가지고 있다. 그리스 신화에서는 자살이 영웅적 행동으로 미화되어, 무려 109명의 영웅이 자살하거나 자살을 시도한다. 일본 전통에서는 자살은 예찬을 넘어 권장되기까지 한다. 가미가제의 비극은 이런 전통의 연장선이었다. 우리나라 역시 자살 미화의 전통을 가지고 있다. 자살로 정절을 지킨 여인과 자살로 충절을 지킨 신하는 조선시대 가장 존경받은 인물이었다. 이러한 자살 미화의 전통은 개인에게 자살이 명예를 지켜 주는 수단이라는 인식을 무의식에 심어 준다. 실존적 차원의 자살이라 할지라도 자살이 명예를 지킬 수 있다는 믿음으로부터 자유롭지 못하다. 명예는 사회적 가치이다. 따라서 실존적 자살의 경우도 일부는 사회적 가치를 위해 쓰기 위한 것으로 보아야 한다.

결국 모든 자살은 어떤 식으로든 사회와의 연결고리 속에서 이루어진다. 그렇기 때문에 자살은 곧 사회를 비추는 거울이다. 자살의 원인은 곧 그 사회의 문제가 무엇인지를 보여 준다. 자살은 일종의 사회 병리 현상인 것이다. 전통 시대의 자살은 완고한 유교주의의 부작용을 반영하고, 일제 식민시대의 자살은 암울한 식민지 시대상을 반영한다. 70년대의 민주화운동가와 노동자들의 자살은 독재정권의 폭압과 노동자의 희생을 보여 주는 시대상을 증언한다. 현재 우리 사회에도 자살이 증가하고 있다. 교통사고보다도 더 높은 자살률은 우리 사회가 그만큼 병들어 있음을 보여 주는 증거다. 오늘날 자살하는 사람들은 노인, 농민, 빈곤층 등 사회적 약자다. 이런 사실은 20대에서 80대로 자살률이 증가하고 있으면서도 제대로 된 사회안전망이 마련돼 있지 않다는 것을 보여준다. 그러므로 자살이 비추는 우리 사회의 반성하는 자세가 시급하다

자살하는 사람들은 자기 개인의 문제, 사회의 문제, 집단의 문제를 자살이라는 것을 통해 현실도피 또는 해결하려는 답안을 보여 주기를 원한다. 그러나 우리가 다시 생각해 봐야 할 것이 있다. 진정한 답안은 현실을 도피하는 것도 아니고, 자살을 통하여 해결이 되는 것도 아니란 사실이다. 그럼에도 불구하고 자살을 택하는 사람들은 무엇인가 또 다른 피난처를 자살로 찾아가려고 한다. 과연 자살로 찾아간

안식처가 진정한 안식처인가 자문자답해 봐야 할 것이다. 이 글을 쓰는 필자가 자살을 한다면 그 해답은 무엇이 되는가, 과연 해탈, 열반, 천국의 삶이 도래할 것인가를 분석해 봐야 할 것이다. 자살은 진정한 해답이 될 수 없음에도 자살을 하는 사람들과, 지도자, 최고 고위층 사람들, 연예인들이 줄어들지 않고 많아지는 이유를 어디서 찾아야 할 것인가? 그것은 다원주의에서 찾아야 할 것으로 본다. 복잡하고, 심오한 다원주의 사회와 현실이 인간 의식의 혼돈을 아노미로 만들어 자살에 이르게 하는 것이다. 그것이 감정적이든, 지성적이든, 자의든, 타의든지 말이다.

자살은 절대 합리화될 수 없다. 그러나 현실반영인 것이다.

다음은 총신대학교 이상원 교수의 자살에 대한 글이다. "사회는 삶의 의미와 가치를 눈에 보이는 물질세계에 두는 유물 철학의 지배를 받고 있다. 이를 증명이라도 하듯, 물질세계에서 성공을 거두지 못한 사람들이 삶에 대한 의욕을 상실한 채 스스로 목숨을 끊는 사태가 연이어 발생하고 있다. 기업 운영과 방북 사업의 어려움을 극복하지 못한 대기업 총수가 자살하더니, 그의 자살로 인해 방북 사업이 난관에 봉착할 것을 염려한 노인이 뒤이어 자살했다. 군 생활에서 찾아오는 어려움을 극복하지 못한 사병들의 자살도 잇따르고 있다. 가난과 카드빚 독촉에 시달려 온 어느 주부가 인생을 비관한 나머지 어린아이들과 함께 동반 투신자살하는가 하면, 어느 여인은 달리는 전동차에 뛰어들어 스스로 목숨을 끊었다. 성적이 오르지 않는 것을 비관한 아들이 자살하자, 아들을 그리워하던 아버지가 뒤따라 자살했다. 특히 아들을 따라 자살한 아버지는 교인이었는데, 그것도 주일 예배에 참석한 후 집으로 돌아와 자살했다는 점에서 큰 충격을 안겨 주고 있다.

이처럼 주일 예배 직후에 자신의 목숨을 끊을 수 있는가? 기독교인들 중에 자살한 사람들이 심심찮게 많다는 사실은 공공연한 비밀이 되었다. 이제 자살 문제에 대해 신학적인 입장을 밝힐 필요가 있다고 본다. 두 가지 사실에 집중할 필요가 있다. 하나는 자살에 대해 성경은 무엇을 말하고 있는가 하는 것이고, 다른 하나는 기독교인이 자살했을 때 지옥에 떨어지는가 하는 것이다. 성경은 자살에 대해 특별한 언명을 하지 않고 있다. 그것은 자살이 죄가 아니라는 뜻이 아니다. 타인의 목숨을 빼앗든지, 자신의 목숨을 빼앗든지, 사람의 목숨을 빼앗는 행위 자체는 "살인하지 말라"는 십계명의 제6계명을 자명하게 어기는 범주에 포함될 수 있어, 자살에 대해 별도로 언명하지 않을 뿐이다. 성경에 언급된 자살의 사례는 아히도벨, 시므리, 가룻 유다 등이 있다. 압살롬의 모사(謀士)였던 아히도벨은 자신이 압살롬에게 건의한 전략이 채택되지 않고 다윗이 심어 놓은 첩자 후새의 전략이 채택되자, 집으로 돌아와 목매어 죽는다(삼하 17:23). 이스라엘 왕 엘라에 대항한 시므리는 반역에 실패하자 왕궁에 불을 놓고 자살해 버린다(왕상 16:18). 가룻 유다는 예수님을 배반한 후에 스스로 목숨을 끊는다. 그러나 성경은 사례를 기록할 때마다 자살이라는 행동에 대해 특별한 언명을 하지 않고 있다. 사울 왕은 이방인에게 찔림과 모욕당하는 것을 방지하기 위해 스스로 목숨을 끊는다(삼상 31:3~4, 대상 10:3~4). 이 경우는 사울이 여호와께 범죄한 것에 대한 형벌로서 죽음이 찾아온 것임을 분명히 할 뿐(대상 10:13~14) 그의 죽음 자체에 대해 평가하지 않고 있다. 하나님께서 인정하시는 대의가 있으면 사람을 죽이는 일이 허용되듯, 자신의 목숨을 내어놓는 경우도 하나님께서 인정하시는 대의가 있으면 허용이 된다. 예컨대 삼손이 자신의 목숨을 죽음에 내준 사건(삿 16:23~31)은 제6계명을 어긴 통상적 범죄 행위로 취급하지 않는다. 하나님께 기도한 후에 삼손은 자신의 목숨을 잃게 되는 것이 충분히 예상되는 상황에서 다곤 신당을 무너뜨리는 행동을 결행한다. 하나님께서 삼손의 기도를 들으셨고, 하나님의 뜻에 합당한 믿음의 행위로 인정하셨다(히 11:32). 삼손의 행동은 조국을 위해 장렬하게 싸우다가 전사한 행위이며, 예수님께서 말씀하신 친구를 위해 자기 목숨을 버리는(요 15:13) 행위로 간주할 수 있다. 자신을 희생시켜 부하들의 생명을 구한 강재구 소령이나 타인의 생명을 구하기 위해 지하철에 뛰어든 청년의 죽음은 범죄 행위가 아니라 이웃 사랑의 표현이다. 그러나 타인의 생명을 구하려는 의도가 분명한 경우가 아니라면, 자신의 목숨을 끊는 행위를 허용해선 안 된다. 예긴대 이떤 치녀기 순결을 지키기 위해 자신의 목숨을 끊는다면 그 여인의 마음은 충분히 이해할 수 있으나 생명의 존엄성이 순결의 가치보다 월등히 높은 것임을 잊어선 안 된다. 어떤 사람은 예수님께서 십자가에서 죽으신 사건이나 믿음을 지키다가 순교하는 것을 자살로 분류하기도 한다. 그러나 그것은 분명히 큰 오해다. 우선 예수님께서 스스로 생명을 끊으신 게 아니라 타살을 당하신 것으로 봐야 한다. 예수님께서 다가오는 죽음을 예상하시고 피하지 않은 것은 사실이지만, 순교자의 죽음은 명백히 타살이다. 예수님의 죽음은 수많은 생명들을 살리기 위한 '희생'이었다. 순교자는 하나님께 향한 신앙이라는 중요한 가치 때문에 타살이 예상되는 길을 피하지 않은 것뿐이다. 기독교인이 자살을 결행했을 경우에 예수님을 구주로 고백하고 세례를 받았음에도 불구하고 지옥에 들어가는가? 이 질문과 관련해 우리는 두 가지 사실을 염두에 둘 필요가 있다. 첫째, 기독교인이라

할지라도 죄로부터 자유로운 사람은 없다는 점이다. 예수님을 구주로 영접한 후 속사람이 중생해 새사람이 되었으나, 세상을 떠나는 날까지 겉사람까지 성화되는 것은 아니다. 때문에 기독교인은 끊임없이 죄의 세력에 위협을 받으며 그 세력과의 싸움에서 때로 승리할 때도 있고, 때로 실패할 때도 있게 마련이다. 사람을 죽이는 일과 간음을 범하는 일은 기독교인의 신분에 어울리지 않고 마땅히 피해야 할 죄인 것처럼, 자살도 기독교인에게 어울리지 않는 죄인 것이 분명하다. 그러나 기독교인도 믿음이 약해지고 시험에 들게 되면 자살의 충동에서 자유로울 수 없다. 둘째, 마지막 날에 최종으로 구원을 받는 근거는 예수 그리스도를 영접한 순간에 우리에게 전가된 그리스도의 의로움뿐이라는 사실이다. 기독교인이 된 후에 살아간 거룩한 삶의 기록들이 마지막 날에 천국과 지옥으로 결정된다는 해석 또한 우리는 살펴봐야 한다. 살아간 행동은 방탕하게 살아가고, 마지막에 갑자기 믿음으로 천국행과 지옥행으로 결정되어 진다는 것 또한 깊이 있게 논의해 볼 문제인 것이다. 어떤 이론이던지 성급하게 확답을 하거나 확정을 지어서 말하는 것은 바람직하지 않다. 자살도 예외가 아니다. 혹자는 다른 죄들은 죽기 전에 회개할 수 있기 때문에 하나님의 심판을 통과할 수 있지만, 자살한 사람은 자신의 죄를 회개할 기회가 없어 하나님의 심판을 통과할 수 없다고 주장한다. 그렇다면 교통사고나 비행기 사고 등으로 급사하는 경우와 심장마비나 익사 사고로 돌연사한 믿음의 사람들도 자신들의 죄를 마지막까지 회개하지 못했기 때문에 하나님의 심판 앞에 서야 한다는 말이 된다. 많은 사람들은 회개할 기회가 있어도 회개하지 못하고 죽고 만다. 또 전에 지은 죄목들이 생각나지 않아 회개하지 못하거나 끝까지 죄인 줄 모른 채 죽는 성도들도 헤아릴 수 없이 많이 있다. 마지막 날의 구원은 기독교인이 된 후에 우리가 입을 열어서 모든 죄를 고백했는가에 따라 결정되는 것이 아니다. 그날의 영화로운 축복도 오직 하나님의 은혜로 값없이 주어질 뿐이다. 물론 마지막 날에 자살을 택한 사람은 하나님에게 엄중한 문책을 받게 될 것이다. 어떤 형태의 문책이 있을지 알 수 없으나, 그것이 기독교인의 천국행과 지옥행을 결정하는 조건은 아닐 것이다. 물론 자살한 사람은 모양만 신자일 뿐 진정으로 거듭나지 않은 사람일 가능성이 많은 것으로 추측할 수 있다. 그러나 우리에겐 그런 판단을 할 자격도 능력도 없다. 우리는 자살이 심각한 죄임을 강조해야 하지만 자살한 사람의 구원 문제는 하나님께 맡기고 경솔하게 말하지 않는 것이 바람직하다."

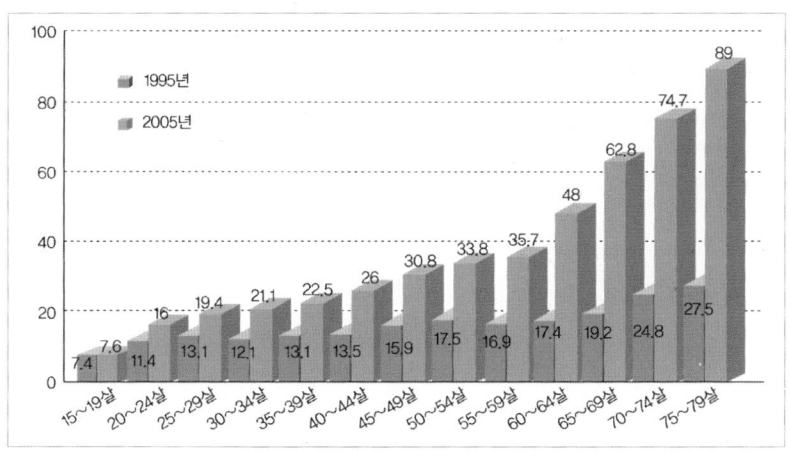

인구 10만 명당 자살률 추이(단위: 명)

자살은 고의적으로 자신에게 부과한 죽음이다. 자살은 함부로 저지르거나 의미가 없는 행동이 아니라 오히려 개인에게 심한 고통을 주는 위기나 어려움을 탈출하려는 시도이다. 따라서 자살자는 자신의 어려움을 호소하고 도움을 요청하는 행위를 한 번쯤은 시도한다. 자살은 인간의 10대 사망원인이고 우리나라의 자살률은 10만 명당 8.5명으로 높은 편이다.

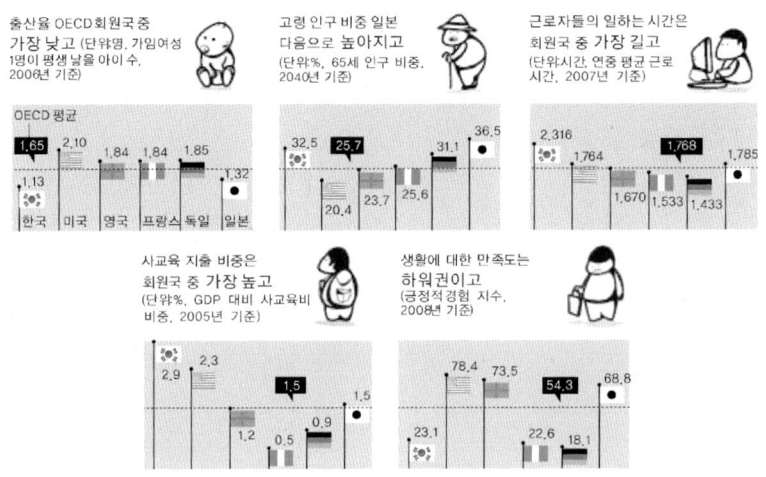

한국은 출산율은 낮고 자살률은 높아지고 있는 추세이다.

1) 자살의 사회학적 원인

자살에 사회가 미치는 영향은 몇 가지로 나누어진다. 즉, 이기적 자살은 개인이 한 사회에 밀접한 관계를 맺지 못하여 일어난다. 예가 정신분열증, 우울증 등이다. 이타적 자살은 개인이 사회와 너무 밀접하여 일어나는 것으로 일본의 가미가제 자살이 예다. 무통제적 자살은 사회에 너무 갑자기 차단되어 일어나는 것으로 경제적 파탄이나 가치의 붕괴 시 발생된다.

2) 자살의 심리적 원인

다른 사람에게 향한 분노가 갑자기 자신에게 화살이 돌아갈 때 발생된다. 또한 자신의 생각, 내가 죽으면 어떻게 될까라는 공상에서 출발한다고 하나 혼합된 감정이 있다. 즉, 복수, 징벌, 희생 등이 포함될 수 있다.

3) 자살의 생리적 원인

유전적 원인으로는 조울증, 우울증에서 자살이 많은 이유를 고려하여야 한다.

최근의 연구에서는 뇌에서 세로토닌의 영향에 주목하고 있다. 일단 시행하면 생명이 위험한 것이 자살이다. 따라서 예방이 가장 중요하다. 예방은 가능성이 있는 사람의 철저한 평가이다. 자살의도나 계획 등을 질문하고 행동에 자신을 정리하려는 기도가 있었다면 철저한 관찰이 필요하다. 자살이 의심되면 응급입원의 대상이 된다. 지체 없이 정신병원에 입원시켜 철저한 원인 규명과 대책을 세워야 한다. 사회적 대책은 자살을 경시하는 사회는 인간의 목숨도 경시한다. 또한 자살을 미화하는 사회는 자살률이 높다. 이 두 가지의 사회적 태도에 변화가 있어야 한다. 매스컴을 통한 자살에 대한 인식의 전환, 텔레비전, 라디오, 신문 등이 앞장서 자살의 비윤리성과 모순성, 생명의 존엄성, 인생경력의 다양한 선택, 인생문제의 의미와 다양한 해결방안 제시, 자살충동을 이겨 낸 성공사례 등을 통해 자살 방지적 사회분위기와 인식의 전환을 유도해야 한다. 자살은 정서의 불안감으로 인해 생기는 것이 대부분인데, 우울감을 보이는 사람이 주변의 임상적인 도움을 제대로 받지 못하고 방치되면 불면증, 식욕부진, 의욕상실, 사회적 고립 등의 증세가 더욱 악화되고 자살의 의도가 생겨나게 된다. 이런 우울감은 여러 요인에서 나타나게 되는데, 가족에 의한 요인, 유전적 요인 등이 있다. 자살이 나타나기 전에 자살을 막는 효과적인 예방책에도 여러 가지가 있는데, 일단 주변의 관심과 따뜻한 보호가 가장 효과적이고 큰 예방책이다. 사회관계를 증진시키고 긍정적인 감정을 가질 수 있는 데 초점을 맞추어 도움을 주거나 자살을 무조건 안 된다고 말리기보단 자살이 목적달성을 위한 비효율적인 방법이라는 것을 깨닫게 해 주어야 한다. 또한 자살을 하는 사람들을 보면 자살을 하기 전 반드시 신호를 보낸다고 한다. 무기력감, 죄책감, 슬픔, 불안, 분노, 안절부절, 성격의 변화, 급작스러운 감정의 고양, 자살과 관련된 언급 등이 그들의 신호인데, 이럴 경우 주변인들은 빠르고 민감하게 파악해 내는 것이 중요하다. 감정의 높낮이가 가장 크다고 볼 수 있는 청소년기 때에 체계적인 자살예방 프로그램을 실시하여 자살에 대한 올바른 인식을 심어 줄 수 있도록 하는 것이 또한 중요하겠다. 그리고 조울증 증상이 있는 사람은 자살 위험이 높다. 조울증 환자는 기분이 좋을 때는 간이라도 빼 줄듯이 좋아하다가 어느 때는 심리적 변화에 의해서 우울해지고, 히스테리와 스트레스를 발산하는 사람이다. 이들의 대부분은 자라날 때 가정환경과 사회 환경의 영향을 받아서 그런데, 이런 조울증 환자들은 자기 목표와 목적, 자기 밥그릇에 민감한 반응을 보이고, 아집과 집착이 있는 사람들이다. 누군가가 자기 밥그릇을 뺏을 것을 두려워한 나머지 지나치게 방어적인 기세를 갖거나, 지나치게 심리변화를 겪는 사람들이다. 이런 사람들이 자살 확률이 높다.

또한 지나친 출세지상주의 또한 자살을 쉽게 만든다. 그리고 빠르게 올라간 사람은 추락의 공포를 더 크게 느낀다. 이로 인하여 자살을 쉽게 생각하게 만드는 도화선이 된다.

우울증 또한 자살을 쉽게 만든다.

우울증의 양상은 다양하다. 명예, 경제적, 자아정체감 상실, 약물투여로 인한 우울증, 신체 변화에 따른 우울증(여성들의 폐경기, 남성들의 성욕 감퇴) 등이 있다.

	지난 2주 동안, 아래 나열되는 증상들에 얼마나 자주 시달렸습니까?	전혀 하니다	여러 날 동안	일주일 이상	거의 매일
1	일을 하는 것에 대한 흥미나 재미가 거의 없음	0	1	2	3
2	가라앉은 느낌, 우울감 혹은 절망감	0	1	2	3
3	잠들기 어렵거나 자꾸 깨어남, 혹은 너무 많이 잠	0	1	2	3
4	피곤감, 기력이 저하됨	0	1	2	3
5	식욕 저하 혹은 과식	0	1	2	3
6	나 자신이 나쁜 사람이라는 느낌 혹은 나 자신을 실패자라고 느끼거나, 나 때문에 나 자신이나 내 가족이 불행하게 되었다는 느낌	0	1	2	3
7	신문을 읽거나 TV를 볼 때 집중하기 어려움	0	1	2	3
8	남들이 알아챌 정도로 거동이나 말이 느림, 또는 반대로 너무 초조하고 안절부절못해서 평소보다 많이 돌아다니고 서성거림	0	1	2	3
9	나는 차라리 죽는 것이 낫겠다는 등의 생각 혹은 어떤 면에서든 당신 스스로에게 상처를 주는 생각들	0	1	2	3

(총점=_____)

* 9개 항목 중 5개 이상의 항목이 1점 이상으로 채점되고, 그중 우울증상(1번 또는 2번 항목)이 포함되는 경우에는 가장 심각한 우울증으로 진단내릴 수 있음. 2~4개의 증상만 있는 경우에도 우울장애로 진단할 수 있음. 단, 의사의 판단에 의해 신체질환이나 정상적인 슬픔, 양극성 장애의 병력 등은 배제되어야 함.
  자료: 고려대 안산병원 정신과 한창수 교수 제공

노년기, 노화와 극단적이거나 갑작스러운 상황변화와 함께 우울증이 찾아온다.

61세 이상 자살자는 2008년 4,029명에 달한다. 노인 자살률은 지난 20년간 5배 이상 늘었으며 자살 원인으로는 질병(37.1%), 경제적 어려움(33.9%), 외로움과 고독(13.2%), 가정불화(10.6%) 등 순이었다. 노인 자살은 본인 질병, 우울증, 자녀와 갈등이 주요한 원인으로 작용하며, 특히 평생을 함께 지내 온 배우자 사별은 우울증을 유발시키고 노인 자살을 부르는 주요 요인 가운데 하나로 꼽힌다.

우울증은 우울감과 불안, 공허감, 절망감 등 증상이 다양하다. 또 죄책감, 무력감, 의욕상실 등 어떤 일에도 흥미를 느끼지 못하거나 죽음에 대한 생각을 떠올린다면 우울증을 의심해 봐야 한다.

노인 우울증에서 나타나는 가장 큰 특징은 ① 슬픔에 대한 표현이 적음, ② 신체적 증상으로 표현하는 경향이 많음, ③ 최근에 발생된 신경증적 증상, ④ 치매에 동반된 우울증, ⑤ 행동장애, ⑥ 비정상적 성격 성향 강화, ⑦ 뒤늦게 발생한 알코올 의존 등이 있다.

평소와 달리 기운이 없어 보이거나 여기저기 아픈 곳이 많다고 호소할 때는 우울증을 의심해 볼 수 있다. 신체질환이 있으면 기분장애나 우울증을 호소할 가능성이 높기 때문에 조기 치료를 받을 수 있도록 해야 한다.

가족력·스트레스 등 우울증 원인도 다양하다. 우울증 원인은 유전이나 심리적 요인, 대인관계나 경제적인 원인 등이 있다. 보통 가족 중에 우울증 환자가 있으면 우울증이 발병할 확률이 높다고 알려져 있다. 한창수 고려대 정신과 교수는 "일반인 우울장애 발생빈도가 약 1%인 것에 비해 우울증 가족력이 있으면 5~15%로 높게 나타난다"

고 말했다.

대인관계 기피, 가족 구성원 사망, 경제적 파산 등 다양한 심리적·사회적 원인이 우울증을 유발한다. 특히 해고나 사별 등과 같이 **커다란 상실감**은 우울증과 밀접한 관련이 있으며, 지속적인 스트레스 역시 우울증을 유발한다. 이뿐만 아니라 대사 장애나 내분비 장애, 심혈관계 질환, 종양 등 신체질환을 앓고 있을 때도 우울증에 빠질 수 있다. 또한 노화로 인한 체력 저하와 경제적 소외는 노인들에게 사회적 상실감과 우울감을 초래할 수 있다.

이와 함께 우울증은 내과나 신경과 질환이 있는 상황에서 흔히 발생한다. 뇌혈관질환(중풍) 환자 중 약 24%에서 우울장애가 발생되는 것으로 보고되고 있으며, 알츠하이머병이나 파킨슨병에서도 우울장애기 매우 흔히게 나타난다.

우울증, 남성보다 여성이 더 많다. 우울증은 아이부터 노인까지 모든 사람들에게 나타나지만 여성 유병률이 남성보다 1.5~2.5배 높다. 한창수 교수는 "주부를 비롯한 여성들에게 사회적·문화적으로 남성에 비해 더 많은 역할을 요구하고, 심리적인 측면에서 취약한 것이 우울증을 유발하는 원인으로 꼽힌다"며 "또한 자식들이 성장하며 독립해 감에 따라 느끼게 되는 공허감, 사회생활을 하는 남편과 비교했을 때 자기 처지에 대한 비관 등도 우울증 요인"이라고 분석했다. 여성들에게 생화학적·신경내분비적인 요인 역시 중요한 우울증 발병 요인이다. 예를 들어 피임약으로 인한 우울증, 월경주기상 황체기에 보이는 우울증, 분만 후 우울증, 중년 여성들에게 나타나는 폐경기 우울증이 대표적인 성호르몬 변화에 따른 우울증이다.

청소년기나 유아기 우울증은 일생 동안 우울증이 반복될 수 있다는 점에서 그 위험이 더 크다. 유아기나 아이들에 대한 스트레스, 부모 애정 결핍 등 환경적 요인은 아이들을 우울증에 빠뜨리는 가장 큰 원인이다. 특히 청소년은 신체적·정신적·심리적 변화가 심한 시기로 역할에 대한 혼돈과 미숙한 심리 발달은 정서적 갈등을 유발하게 되고, 이런 과정 속에서 불안과 좌절, 우울감으로 빠져들 가능성이 있다.

한 연구에 따르면 남학생은 30% 이상이, 여학생은 45% 이상이 우울한 증상을 느끼는 것으로 나타났다. 이 중 50% 이상은 치료가 필요한 우울증을 보였으며, 특히 자살 충동을 느낀 청소년 비율이 20%를 넘어섰다고 한다. 정신적 자아의 갈등과 성적에 대한 비관은 청소년 정신건강을 해칠 수 있기 때문에 부모와 교사들이 각별한 주의를 기울여야 할 것으로 지적된다. 우울증은 아이들, 청소년, 성인, 노인 등 다양하다. 그 원인 또한 수없이 많은데, 우울증을 극복할 수 있는 열린 사고와 깨어 있는 지식이 필요하다. 자기가 우울증 증상이 있는 듯하면, 우선 햇볕을 많이 쪼이고(햇볕을 쪼이면 활동력이 강화된다), 자연과 함께하는 시간을 많이 가지고, 인간관계를 다양하게 하면 된다. 그리고 어느 한곳에 지나치게 몰입하는 것을 버려야 할 것이다. 지나친 몰입은 자아감의 혼돈을 초래하여 자기가 생각한 것이 정답인 듯 착각을 하고, 그로 인하여 자살도 합리화시킬 수 있기 때문이다.

자살 안 하는 비율로 볼 때 한국이 OECD 30개국 가운데 꼴찌다. 어떤 사람들은 자살의 원인이 '생활고'라 하지만 그렇게 따지면 OECD 가입 안 한 나라가 훨씬 많아야 한다. 물론 '생활고'도 자살의 중요한 요인이긴 하지만 우리보다 더 못사는 나라에 가서 행복지수를 물어보니까 다들 "우린 행복해요. 다만 가난해요"라는 말을 했다고 한다. 물질순이 행복순이 아니란 이야기다. 자살은 상대적 빈곤에서 발생한다. 목표나 희망이 없을 때도 발생한다. 정치가 한국처럼 불안정하고 과열경쟁으로 내몰릴 때 발생한다. 한국의 자살률 OECD 1위는 사실상 전 세계 1위를 의미한다. 한국은 과열경쟁을 하나 대다수 국민들은 희망이 안 보인다. 김진홍 목사님 말마따나 '사랑결핍증' 때문에 기독연예인이 줄줄이 죽고 있다. 교회가 사랑이 없다. 물질감사, 축복, 성공, 출세만 강조하기도 한다. 한국은 한 해 13,400명이 자살한다고 한다. 미국 9·11테러 때도 이렇게 많은 사람이 죽지 않았다. 5공 군부가 5·18 때 광주시민을 학살한 숫자보다도 많다. 보이지 않는 살인인 것이다.

자살행위를 단순히 유명인들을 따라 자살하는 모방 행동으로만 볼 것이 아니라 그 밑에 깔려 있는 다른 심리적 기제는 없을까를 생각해 보았다. 일상생활에서 타인에 대한 다양한 정보는 자신을 판단하는 데 영향을 준다는 사회비교이론이 있다. 사람들은 일반적으로 위협을 경험하거나 위협이 예고된 상황에서 자신보다 못한 사람과 비교하고자 한다는 하향비교이론에 의하면 불행한 사람과의 비교를 통해 자신의 행복, 자존감 혹은 안녕감을 증진시키기도 한다.

이 이론은 스트레스나 질병에 대한 대처를 중심으로 건강심리학 분야에 활발히 적용되어 왔는데, 질병을 지닌 사람들이 자신에 관한 부정적 정보에 대처하기 위해 주로 하향비교만 하는지 의문이 제기되었다. 암환자를 대상으로 한 외국의 연구결과는 암환자들이 지니는 심리적 욕구에 따라 비교대상을 선택한다고 주장하였다.

자신보다 나은 사람이 긍정적 모델이 되면 이 모델을 통해 정보의 가치를 얻을 수 있는 상황에서는 상향비교가 선호될 수 있다는 것이다. 이와 관련해서 국내 대학생들을 대상으로 수행한 연구 결과에서도 신체 질병 상태에 있는 학생들이 건강한 학생들보다 상향비교 대상의 선택 빈도가 높게 나타났다.

또한 사회비교 동기와 비교동기의 충족 수준이 분노 경험에도 영향을 미치고 있다는 연구결과도 있는데, 이는 정서 경험이 신체 질병과 관련되어 있다는 증거로 작용하기 때문에 매우 중요한 시사점을 제공해 주었다. 사회비교 동기는 자기고양이나 자기향상 동기에도 영향을 미치고 있고, 주관적 안녕감이나 건강 지각에도 영향을 미치고 있다는 연구결과들도 국내 연구진들에 의해 발표되었다. 이러한 연구결과들을 통해 알 수 있는 것은 사람들이 자신의 삶에서 행복을 느끼거나 건강하다고 지각하는 수준은 사회비교 과정에 의해 영향을 받고 있다는 점이다.

최근 몇 년 동안 국내에서 많은 유명인들이 자살을 선택했다. 최고의 톱스타도 있었고, 기업의 최고경영자도 있었고, 정치인은 물론 대통령까지도 자살이라는 극단적인 선택을 했던 것이다. 이들의 선택은 많은 사람들로 하여금 자신을 고양시키고자 하는 동기나 향상시키고자 하는 동기를 무참하게 무너뜨릴 수 있으며, 분노와 우울과 같은 극단적인 정서를 경험하게 할 수 있다.[3]

8. 자살과 심리

어떤 사람이 자살을 시도하는 인생의 막장까지 몰렸다. 언론인 출신인 그가 자살까지 고려했던 것은 그의 파란만장한 삶 때문이다.

---

3) 장군, 한국인의 비교심리를 통해 본 자살

"한 사람이 평생 살면서 한 번 겪기도 힘든 뇌수술, 이혼 등 대형 사건을 몇 차례 겪고 나니, 사는 게 뭔지 싶더라고 했다. 인생의 마지막 승부수라고 생각했던 프랑스 외인부대 입대마저 좌절되고, 결국 선택한 것이 자살 시도였다고 한다." 우리나라가 IMF 한파를 겪던 1999년 아주 추운 겨울, 잘 마시지 못하는 소주를 2병가량 먹고 한남대교에서 한강물로 뛰어내리려는 순간, 길을 지나던 한 중년남자가 "지금 뛰어내리면 얼어 죽어요. 좀 기다렸다 따뜻한 봄이 되면 뛰어내려요"라고 했단다. 죽으려는 사람을 말리는 것이 아니라 죽음의 구체적 방법을 알려 주는 얼어 죽는다는 말에 순간적으로 웃음이 나오더란다. 결국 이런 방법밖에 없나 하는 생사의 기로에 섰던 그도 생각을 바꾸었다. '자살'을 뒤집으면 '살자'가 되는 것이니 살자로 마음을 정하였단다. 이 사람이 최근 중국 최대의 장춘영화제작소를 보유한 국영영화제작소인 장영집단 유한책임공사와 영화 제작 및 TV 드라마에 대한 독점적 지위의 사업 합작계약을 체결한 (주)한중엔터테인먼트 진철호 대표(39)이다. 진 대표는 그 일을 겪은 후 성격도 낙천적이고 유머가 풍부한 CEO로 거듭 태어나 성공적인 제2의 인생을 살고 있다. 솔직히 복잡한 인생을 쉽게 끝내는 간단한 방법이 자살이다. 단지 몇 분 동안의 고통만 참으면 의식하지 못하는 세계에 빠져들게 되기에 어리석은 사람들이 손쉽게 자살을 선택한다. 그러나 그 배경에는 간단치 않은 많은 생각과 이유들이 존재한다. 핑계 없는 무덤이 없듯이 말이다. 많은 경우가 경제적 상황의 어려움으로 인해 자살하고, 또한 외로움과 삶에 대한 동기부여가 없을 때와 다음으로는 삶이 고단하고 어려운 경우 등이 있으나 장기적인 불황으로 고통을 겪는 중에 개인화된 인터넷의 발전은 가정의 경제적 상황, 정체성을 잃어 가는 사람들에게 선택의 폭을 좁게 만드는 원인을 제공하고 있다.

유럽에서 많은 청년들을 죽음으로 몰아갔던 비관주의 철학자 쇼펜하우어는 욕망과 집착에서 자유로워져야 행복할 수 있다는 메시지를 전하며 "인간은 태어난다는 것 자체가 죄이고, 태어났으면 일찍 죽는 것이 행복이고, 일찍 죽지 못한다면 자살해야 한다"고 하면서 염세적으로 자살을 예찬하였지만 그는 평생 행복을 추구하며 냉수마찰을 하며 머리맡에는 권총을 두어 위험을 피하며 비교적 오래오래 독신으로 잘 살았다 한다.

누구든지 사람은 숨을 쉬는 동안 삶을 선택한다. 삶을 선택하기를 포기하면 그때부터는 죽음의 시나리오에 들게 되는데 죽음은 선택에 의한 것이 아니라 신으로부터 선택받아야 죽을 수 있다. 다만 그 신이 생명의 신이냐 죽음의 신이냐의 차이일 뿐이다. 자살을 선택하는 것은 개인일지라도 최종 죽음의 순간에야 자신이 죽음의 신에게 속았다는 것을 느낄 때는 시간이 너무 늦었다는 것을 알게 된다. 혹시 오랫동안 웃지 않는 이웃이 있으면 일단 주의를 기울여 자세히 보아야 한다. 자살은 죽음으로 죽음에 이르게 하지만 죽지 않고도 죽을 수 있는 생명 주는 복음이 있으니 그 복음만이 인생을 웃게 만든다는 진리를 알아야 진정한 자살심리를 깨닫게 되는 것이다.

자살은 피상적인 심리도 아니고, 이분법적인 심리이론도 아니다. 다만 현실과 이념과 가치관과 갈등의 혼돈과 아노미 속에서 순간의 선택을 극단적으로 행하는 행동인 것이다. 자살을 하면 모든 것이 해결되고, 해방되고, 갈등을 없앨 수 있고, 자유를 얻을 것 같은 순간적인 발상과 충동인 것이다.

자살은 절대 합리화될 수 없다. 다만 동정이 갈 뿐이다.

자살은 자살하는 사람은 해방일지 모르나 주위에 있는 모든 사람에게는 구속이요, 감옥으로 만드는 헤게모니를 갖고 있다.

일본인은 오랜 무사 중심의 생활을 해 왔으므로 죽음을 찬양하는 철학을 만들어 왔다. 무사란 전쟁을 치르는 직업이다. 전쟁에는 죽음이 뒤따르게 마련인데, 그것을 무서워해서는 무사라는 직업을 계속할 수 없다고 하였다. 그 결과 죽음은 무섭지 않으며 오히려 용감하게 죽는 일은 아름답게 여기는 철학이 생긴 것이다. 일본 무사는 남에게 손가락질 당하면서 오래 살기보다는 차라리 명예롭게 죽는 것을 택한다.

무사에게 가장 명예로운 죽음은 할복자살인데, 자살 방법 중 가장 고통스러운 것으로서 그 고통을 이겨 내며 자기 배를 스스로 가르는 데에 무사다움이 있다는 것이다. 일본이 군국주의가 한창일 때에는 초등학생들에게도 나무칼로 배를 가르는 법을 가르쳤고, 어린이들의 전쟁놀이에서도 진 쪽은 모두 할복자살하는 흉내를 냈다고 한다. 일본에서 가장 인기 있는 연극, 소설에는 거의 자살 장면이 있다.

사랑도 가장 아름다운 것은 무슨 사정이 있어서 결혼할 수 없는 처지에 놓인 남녀가 함께 자살하는 것으로 표현된다. 일본에서는 그 어떤 실수를 했더라도 자살하면 세상 사람들은 '죽을 정도까지 고민했다'는 점을 높이 평가해서 너그럽게 넘어가 준다.

얼마 전 일본 정치계의 거물인 가네마루가 뇌물을 받았다가 법망에 걸려 체포되었었다. 그러자 그를 모시던 비서가 자기가(주인을) 잘 보살피지 못했다는 이유로 자살했다. 또 한때 일본 수상을 지냈던 다나카가 뇌물을 받아 법정에 서자 그의 운전수가 자살한 적도 있다.

지금도 일본은 해마다 인구 비율로 볼 때 세계에서 가장 많은 자살자가 나온다고 한다. 학생들이 이지메로 고통을 받게 되면 쉽게 자살해 버리는 것도 이러한 일본의 전통 때문인 것 같다. 전통을 따르는 심리도 자살을 부추기고 있는 상황인 것이다.

불교에서 말하는 갈등심리를 한 번 알아보자. 갈등을 극복하지 못하면 자살을 하게 되고, 극복하면 위대한 수도자가 되며, 성공자가 되는 것이다.

부처님의 초전법륜 내용 중 하나인 '네 가지 성스러운 진리(四聖諦)'의 둘째는 집제(集諦)로서, 괴로움이 어떻게 일어나는가? 그 '일어남(samudaya)'의 원인에 대한 진리이다. 괴로움이 생기는 것은 근본적으로 우리의 '목마름(산스크리트어 tṛṣṇā, 팔리어 tanha)' 때문이라고 한다. 보통 '갈애(渴愛)'라 번역되는 이 목마름이란 집착, 정욕, 애욕, 욕심, 욕정으로 목마름을 뜻한다. 우리에게 이런 타는 목마름이 있기에 우리에게 괴로움이 따르는 것이라는 진리를 깨달아야 한다는 뜻이다.

팔리어 본문에 보면 집착에는 '쾌락'에 대한 집착, '있음'에 대한 집착, '있지 않음'에 대한 집착 세 가지가 있다고 했다. 관능적·감각적 쾌락주의, 생존을 위한 현실주의, 생존에서 벗어나려는 허무주의를 일컫는 것이라 볼 수 있다. 오늘을 살아가면서 우리가 떨쳐 내기 힘든 집착이나 욕망은 어떤 것일까? 우선 쾌락, 재물, 명예, 권력 등에 집착하는 것, 사상이나 견해나 이론이나 관념이나 신념이나 이데올로기 등에 집착하는 것, 결국 이 모든 집착의 근본 원인이 되는 자기 자신에 대한 집착으로 볼 수 있지 않을까 생각해 본다. 쾌락에 집착하는 것도 문제지만 더욱 큰 문제는 자기의 고정관념에 집착하는 것이고, 더욱더 크고 근원적인 문제는 우리 자신에게 집착하는 것이다. 집착이란 결국 절대적이 아닌 것을 절대적인 것으로 잘못 알고 거기에 목숨을 거는 것이다. 20세기 그리스도교 최대의 신학자 중 하나인 폴

틸리히의 말에 의하면, 궁극 관심의 대상이 될 수 없는 것에 대해 '궁극 관심(ultimate concern)'을 갖는 것이다. 돈이나 성(性)이나 권력같이 상대적인 것에 궁극적 관심을 가지고 달라붙는 것이다. 이를 종교적 용어로 바꾸면 '우상 숭배'라 할 수 있다. 절대적이 아닌 것을 절대적인 것처럼 떠받들고 살아가는 노예적 삶이다. 우리가 이처럼 상대적인 것에 목숨을 걸고 있는 한 절대적인 것에 대해 관심을 기울일 겨를이 없게 되고 만다. 『도덕경』에서도 "다섯 가지 색깔로 사람의 눈이 멀게 되고, 다섯 가지 음으로 사람의 귀가 멀게 되고, 다섯 가지 맛으로 사람의 입맛이 고약해집니다"(제12장)라고 했다. 이런 감각적 즐거움이나 외형적 가치를 섬기기 시작하고 거기 매이면, 전혀 자유가 없는 삶으로 전락하고 만다는 뜻이다. 남양군도나 아프리카에서 원숭이를 잡으려 할 때 나무에다 줄을 매고 그 끝에 코코넛 열매를 묶어 놓는다. 코코넛에 원숭이 손이 겨우 들어갈 정도의 구멍을 뚫고 그 속살을 파낸 다음 거기에 원숭이들이 좋아하는 땅콩 같은 것을 넣어 둔다. 원숭이가 와서 그 구멍에다 손을 집어넣고 땅콩을 움켜쥔다. 그러면 손이 그 구멍에서 빠져나올 수 없다. 원숭이 사냥꾼이 유유히 다가가서 그 원숭이를 잡는다. 어느 면에서 우리는 모두 이 원숭이들이다. 불원천리(不遠千里)하고 와서 이렇게 천재일우(千載一遇)로 땅콩을 잡았는데, 그것을 어떻게 그냥 포기하고 주먹을 편단 말인가. 무지와 욕심에서 오는 이런 집착이 우리의 자유를 빼앗고 우리를 노예 신세에 떨어지게 한다. 물질적이든 정신적이든 종교적이든 무엇을 절대화하는 일은 이처럼 '괴로움'의 씨앗이 된다. '네 가지 성스러운 진리'의 셋째는 멸제(滅諦), 곧 괴로움을 '없앨 수 있음(nirodha)'에 관한 진리이다. 이것은 인간의 가능성에 대한 위대한 선언인 셈이다. 우리가 지금은 고통을 당하고 있지만 이제 그것에서 해방될 수 있다는 가능성과 희망을 선포하는 것이다. 불교적 용어로 하면 이 고해의 세상에서 열반 혹은 니르바나를 얻을 수 있다는 기쁘고 복된 소식이다. '니르바나(nirvāṇa, 涅槃이라 음역)'는 어원적으로 '불어서 끈' 상태라는 뜻이다. 불교에서 말하는 '열반'이 그리스도인들이 생각하는 '천국'처럼 우리가 죽어서 들어가는 무슨 특별한 '장소'쯤으로 생각하기 쉽다. 그러나 열반은 장소가 아니라 우리 속에 타고 있는 욕심과 정욕의 불길을 '훅' 하고 불어서 끈 상태, 그리하여 괴로움 대신에 시원함과 평화스러움과 안온함과 놓임과 트임을 느끼는 상태, 바로 이런 '마음 상태'를 말하는 것이다. 무거운 짐을 지고 산을 올라 정상에서 그 짐을 벗어 놓을 때처럼 홀가분해지는 기분을 맛보는 것이다. 이런 상태는 말하자면 불교에서 표방하는 지고선(至高善, summum bonum)의 상태이다. 이런 상태에 들어가면 어떤 기분일까? 부처님은 여기에 대해 분명한 대답을 하지 않는다. 불교든 어느 종교든 이런 지고의 경지에 대해서는 '말할 수 없음'이라는 표현 이외에 달리 표현할 길이 없다고 가르친다. 오직 경험해 본 사람만이 알 수 있는 것이지 말로 표현한다고 알아들을 수 있는 것이 아니기 때문이다. 마치 물고기에게 마른 땅을 걷는 것에 대해, 개구리에게 바다에 대해, 모기에게 얼음에 대해, 음치에게 교향곡의 아름다움에 대해 이야기한들 알아들을 수가 없는 것과 같다. 열반이라는 구경의 경지는 말이나 사변의 대상이 아니라 직관과 체험의 대상이라는 것, 부처님은 우리가 직접 이런 경지에 이르는 '길'을 가르친 것이고 이것이 바로 다음에 말하는 넷째 진리다. 넷째, 도제(道諦)란 괴로움을 없애는 '길(mārga)'을 말하는 진리이다. 이 길의 구체적 내용을 말하는 것이 바로 '팔정도'로서, '여덟

겹의 바른길'이라는 뜻이다. 길이 여덟이라는 뜻이 아니라 여덟 가지 요소로 구성된 '하나'의 길이다. 그 여덟 가지 구성요소는 ① 바른 견해(正見, samyak dṛṣṭi), ② 바른 생각(正思, samyak saṃkalpa), ③ 바른 말(正語, samyak vācā), ④ 바른 행동(正業, samyak karmānta), ⑤ 바른 직업(正命, samyak ājīva), ⑥ 바른 정진(正精進, samyak vyāyāma), ⑦ 바른 마음 다함(正念, samyak smṛti), ⑧ 바른 집중(正定, samyak samādhi)이다. 상좌불교의 입장에서 '사제팔정도'를 가장 잘 다루고 있는 책(월폴라 라훌라 지음, 전재성 옮김, 『붓다의 가르침과 팔정도』, 한국빠알리성전협회, 2002)을 참조할 수 있다. 팔정도의 여덟 가지 사항을 세 가지로 나누어, 첫째, 둘째는 설법을 통해 얻는 지혜(慧, prajñā), 셋째, 넷째, 다섯째는 윤리적 지침을 가리키는 계율(戒, śīla), 여섯째, 일곱째, 여덟째는 마음을 다스리고 고정시키는 명상법(定, samādhi)으로 분류한다. 이른바 ① 계(戒), ② 정(定), ③ 혜(慧) 삼학(三學, triad)이다. 이와 관계되어 또 한 가지 알아 두어야 할 것이 있다. 불교의 명상 수행을 구성하는 요소를 크게 두 가지로 나누어 '정'과 '혜' 곧 '정혜(定慧)'라 하기도 하고, '지'와 '관' 곧 '지관(止觀)'이라 하기도 한다. '지'는 산스크리트어 '샤마다(śamatha)', '관'은 '비파샤나(vipaśyanā)'의 번역이다. 샤마다를 '정(定)' 혹은 '지(止)'라고 하는 것은 몸과 마음이 흐트러지거나 움직이지 않도록 한군데 정지시킨다, 혹은 끊는다는 뜻이고, 비파샤나를 '혜(慧)' 혹은 '관(觀)'이라고 하는 것은 깊은 통찰, 직관, 꿰뚫어 봄을 의미한다. 힌두교 라자 요가에서는 '정·지'에 이르는 것을 최종 목표로 삼는 것에 비해, 불교에서는 '정·지'와 함께 '혜·관'이 언제나 같이 있어야 한다고 가르친다. 일상적 주객이분법적 의식에서 벗어나는 '정·지'만으로는 부족하고, 거기에 '아하!' 하는 깨침의 요소로서의 '혜·관'이 뒤따라야 한다는 뜻이다. 미국의 종교 철학자 겸 심리학자 윌리엄 제임스의 말을 빌리면 신비주의 체험의 특징 중 하나가 'noetic quality(인지적 요소)'라고 했는데, 불교에서도 일상적 의식을 초월하는 것만이 아니라 그와 함께 뭔가 새로운 깨달음 같은 것이 있어야 한다는 뜻이기도 하다. 이른바 '마하지관(摩訶止觀)'이니 '정혜쌍수(定慧雙修)'니 하여 이 둘이 함께해야 한다는 가르침은 이런 초기 불교의 가르침에 근거한 것이라 볼 수 있다. 여기서 종교학적으로 특히 주목할 사항 두 가지만 지적하고 지나가자. 첫째, 거짓말하지 마라, 도둑질하지 마라, 간음하지 말라는 등의 계율을 치키는 것이 적어도 이런 초기 불교의 가르침에서는 우리가 장차 받게 될 상벌과 직접 관계가 없는 것이라 보았다는 사실이다. 둘째, 이런 사성제와 같은 가르침은 억지로 믿을 필요가 없는 것이라는 점이다. 무조건 '덮어놓고' 믿을 것이 아니라 우리 주위에서, 우리 자신의 삶에서 일어나는 현실이나 현상을 그냥 주의 깊게 관찰하기만 하면 된다는 입장이다. 이런 관찰에 의해 내 현재의 삶이 만족스럽지 못하다고 생각되면, 이 제안을 받아들여 한번 실험해 보라는 뜻일 뿐, 종교적이나 윤리적 의무로 부과된 것이 아니라는 것이다. 부처님 스스로도 제자들에게 자기의 가르침을 검토해 보고 따를 가치가 있다고 생각되면 한번 실험해 보라고 주문했다(Majjhima-nikāya, 47, 4). 지극히 합리적인 가르침이 아니라고 아니 할 수 없다.[4]

불교에서 밝혔듯이 갈등을 극복하는 과정이 중요한 것이다. 그곳에 삶 본연의 의지가 존재하기 때문이다. 고통을 통한 갈등 회복인 것이다.

---

4) 오강남 캐나다 리자이나대 명예교수

1) 자살에 대한 스펙트럼

자살에 대한 스펙트럼을 분석해 볼 필요가 있다. 자살은 심리적인 스펙트럼 발산인 것이다. 자살 스펙트럼과 유사한 자해 스펙트럼을 사례를 통해 비교해 볼 필요가 있다. 자해 스펙트럼을 이해하면 자살에 대한 것도 어느 정도 유사성이 있기에 분석 가능할 것이다.

(1) 사례

니콜라스(Nickolas)는 금년에 12세 된 자폐 스펙트럼 장애 아동으로서 특별히 자신의 얼굴을 오른손 주먹으로 수시로 때리는 자해행동을 보인다. 이로 인하여 항상 얼굴의 오른쪽 부위가 부어 있거나 멍들어 있다. 니콜라스의 자해행동은 특히 학교에서 흔히 일어나며, 자신이 원하지 않는 일을 하는 경우나, 원치 않는 분위기에 들어가면 어김없이 자해행동을 보인다. 지금까지 여러 가지 방법을 써 보았으나 별다른 진전을 보이지 않을 뿐 아니라 사춘기에 접어들어서는 그 강도가 더욱 세지기 때문에 주변의 가족과 교사들을 더욱 근심케 하고 있다. 최근에 들어서는 자해행동으로 인하여 얼굴에서 피까지 흘리는 경우가 다반사로 일어나고 있어서 긴급히 가장 효과적인 치료방법을 강구해야 하는 지경에 이르렀다.

(2) 소개

일반적으로 경증 자폐 스펙트럼 장애와 행동 및 정서장애 아동들은 타인에 대한 공격행동(aggressive behavior)을 보이는 데 반하여 중증 자폐 스펙트럼 장애와 정신 장애 아동들은 자신에 대한 공격 행동을 보이는 경향이 있다. 이와 같이 자신에 대한 공격 및 상해 행동을 자해행동(self-injurious behavior)이라 한다. 자폐 스펙트럼 장애 아동들이 보이는 자해행동은 다양하게 나타나지만 가장 흔하게 나타나는 형태는 벽이나 가구에 머리를 받는 두부 상해(head-banging), 딱딱한 물건에 손이나 발로 강타하는 수족 상해(arm-banging), 자신의 주먹으로 머리나 얼굴을 강타하기, 자신의 신체 부위를 꼬집기, 손가락으로 눈이나 목을 찌르기 등이다.

이 자해행동을 심하게 보이는 아동들은 언제나 심각한 안전 문제(safety problem)를 일으키고 종종 기절하는 사례가 관찰되기도 하며 심지어는 목숨을 잃는 경우도 보고되고 있다. 따라서 이러한 행동을 보이는 아동들을 억제하기 위한 긴급 수단으로 신체적 제지(physical restraint)나 신체의 움직임을 억제시켜 주는 재킷(camisole)을 입히기도 하고 혹은 침상이나 의자에 결박하는 임시방편을 쓰는 경우가 많다. 어떤 경우에는 자해행동이 짧게 간헐적으로 일어나기도 하지만 때로는 한 번 시작하면 여러 시간 지속되는 경우 어쩔 수 없이 안전과 생명을 위해 위의 소개된 방법의 사용을 배제할 수 없다. 사실 자해행동은 이를 보이는 당사자 아동에게도 큰 문제이기도 하지만 가족이나 직접적인 치료를 담당하는 전문치료사에게도 큰 문제를 안겨 준다. 먼저 아동 자신에게는 이 자해행동으로 인하여 상해된 부위가 곪거나 다른 병에 감염될 가능성이 높고 아울러 이로 인하여 아동을 돌보는 주변사람에게 위생적이고 병리적인 문제를 야기한다. 더욱 아동에게 위협적인 것은 안전 이유로 위에 열거한 방법의 일환으로 아동을 결박할 때에 아동에게 미치는 심리적 압박감과 공포감은 아동의 정서적 성장 발육에 막대한 장애를 가져다준다. 따라서 위에 열거된 신체적 제지(physical restraint)나 결박의 방법은 가장 긴급한 경우에 한해서 사용이 제한적으로 허용되어야 하며 보통 때에는 일반적으로 사용하는 것을 피하여야 하는 방법이다. 자해행동을 보이는 아동을 돌보거나 치료하는 가족이나 치료사들의 경우에 적지 않는 정신적·심리적 고통을 겪고 있음을 여러 연구 논문이 보여 주고 있다. 그들이 겪는 심리적 고통 중에 가장 흔한 형태는 불안감(anxiety), 좌절감(frustration), 그리고 무력감(hopelessness)이다.

(3) 원인적 연구(Etiology)

학계에서는 현재까지 주위 사람들에게 당혹스러움을 주는 자해행동의 적절한 치료법을 얻기 위해 자해행동의 원인에 대한 연구에 심혈을 기울여 왔다. 지금까지 연구된 내용을 분석하면 생리학적 이론(Biological theory)과 행동적 이론(Behavioral theory)의 두 가지가 가장 두드러진 것으로 나타나고 있다.

① 생리학적 이론(Biological theory)

우선 생리학적 이론을 주장하는 학자들은 대체로 다음과 같이 다섯 가지의 주요 원인을 제시하고 있다. 첫째는 베타 엔도르핀(Beta-endorphin) 이론으로서 자폐 스펙트럼 장애 아동의 적지 않은 수가 체내에 베타 엔도르핀의 수준이 높다는 것이다. 진통 효과를 나타내는 엔도르핀의 양이 증가되면 고통에 대한 면역성으로 인하여 자해행동을 증가시키는 요인으로 작용한다고 주장하는 것이다. 그래서 이론가들은 엔도르핀을 흡수하는 수용체를 차단하는 약물인 놀트렉손(naltrexone)을 치료제로 추천하고 있다.

둘째는 잠재적 간질(sub−seizure) 증세가 자해행동을 유발하는 요인으로 작용할 수 있다고 한다. 잠재적 간질은 일반적으로 구분된 grand mal이나 petit mal과 같은 현저하게 관찰되는 간질은 아니지만 어느 정도 의식을 갖고 있는 상태에서 미세하게 느껴지기 때문에 그만큼 고통에 대해서 둔감해진다. 따라서 자해행동이 주는 고통에 덜 민감하게 되어 이를 유지시키는 요인으로 작용한다. 이를 치료하기 위해서는 항경련제(anti−convulsants)를 사용하여 잠재적 간질을 감소시키는 것이 하나의 치료방법으로 제안되고 있다. 셋째는 중이염에 대한 원인론이 대두되고 있다. 아동에게 중이염이 발전하게 되면 머리 전체에 불편하고 뻐근한 느낌을 주게 되어 이에 대한 보상적 반응으로 머리를 가격하는 자해행동을 하게 된다는 원리이다. 이것은 지극히 고통스럽고 불편한 느낌이 다른 부위의 고통으로 상쇄되는 원리이다. 때로는 이러한 자해행동을 하는 아동을 위해 귀 검사를 할 필요가 있으며 만약 중이염이나 염증이 원인일 경우에는 항생제를 투입할 필요가 있다. 넷째는 과잉자극 이론으로서 아동이 소화하기에 너무 많은 외부 자극이 유입되면 이를 상쇄시키기 위해 자해행동을 한다는 것이다. 아동이 차분하게 앉아 있다가도 느닷없는 소음을 듣거나 혹은 방 안으로 많은 사람들이 일제히 들어올 때 갑자기 자해행동을 하는 경우를 목격할 수 있다. 혹은 때로 차분히 학습을 하다가 무심코 켠 불빛 하나의 추가된 자극으로 말미암아 갑자기 자해행동이 일어날 수도 있다. 이를 위해 우선적으로 외부의 자극을 컨트롤할 수 있는 환경적 구조를 개선해야 하며 아동을 위한 경감 요법(relaxation therapy)을 수시로 실시하는 것이 좋다. 그 방법으로는 시각적으로나 청각적으로 안정을 가져다줄 수 있는 환경을 조성하면서 음악에 맞추어 몸을 펴 주는 스트레칭 요법을 사용한다. 다섯째는 자해행동도 일종의 자기자극 행동의 일종이라는 것이다. 따라서 자기자극 행동의 원리와 유사하게 스스로에게 자극을 보충하기 위한 노력에서 자해행동을 하는 것이기에 자기자극 행동의 치료와 유사한 종류의 치료법을 사용하는 것이 좋으며 감각을 정상화하거나 다른 자극으로 전환하는 방법이 알맞은 것으로 보고 있다.

② 행동적 이론(Behavioral theory)

생리학적 이론에 이어 두 번째의 환경학적 이론을 주창하는 학자들은 자해행동의 원인을 다음과 같이 네 가지로 접근하고 있다. 첫째는 주위 환기 이론으로서 아동이 자해행동을 하는 이유는 주변 사람으로부터 관심을 끄는 데 사용한다는 주장이다. 이를 다른 말로 정적 보상 이론(positive reinforcement theory)이라고 부르기도 하는데 자해행동을 할 때마다 주변 사람들의 즉각적인 관심과 주의를 끌 수 있어서 다른 행동들보다 훨씬 강력한 자연적 보상을 얻게 되어 쉽게 고착되는 부적응 행동이 된다. 따라서 언어 및 의사소통 능력이 지체된 아동이 환경적으로 타인의 도움이 절실히 필요한 시각과 장소를 적절히 파악하여 필요할 때마다 즉각적으로 도움을 주어서 필요 없이 자해행동을 사용할 기회를 주지 않도록 주의하며 또한 우리가 이해하지 못하는 아동의 생리적인 필요가 무엇인지도 파악을 할 필요가 있다. 그러나 때때로 부적절한 요구를 위해 자해행동을 한다면 그에 알맞은 엄격한 행동치료를 행해야 한다. 둘째는 과제 회피 이론으로서 아동이 현재 진행하는 과제로부터 받는 스트레스의 한 반응으로 자해행동을 할 뿐 아니라 때에 따라서는 과제에서 회피하기 위해 자해행동을 할 수도 있다. 이를 학계에서는 부적 강화 이론(negative reinforcement theory)이라고 부르는데 유쾌하지 못한 상황을 쉽게 지나가게 해 주는 효과가 있기 때문이다. 말하자면 과거에 자해행동을 할 때마다 과제 회피에 성공했던 경험이 있을 때 이 아동의 자해행동은 부정적으로 강화되었을 가능성이 높기 때문인 것이다. 그럴 때에는 육체적 촉구(physical prompt)를 사용하여 아동이 진행 중인 과제를 끝마치도록 유도해야 한다(prompt through). 셋째는 동기 부족 이론으로서 아동이 아무런 동기를 느끼지 못하거나 무료함을 느낄 때 내적인 스트레스가 적체되어 자해행동을 보인다는 이론이다. 이러한 이론을 주창하는 학자들은 자해행동은 이러한 스트레스가 심하게 적체된 경우이고 약한 경우에는 자기자극 행동으로 나타난다고 주장한다. 넷째는 정신역학적 이론(psychodynamic theory)의 일환으로서 아동의 마음속 깊은 곳에 잠재하는 심리적인 원인들에 의해서 자해행동이 나타날 수 있다는 것이다. 예를 들어 아동이 무척 심한 실망감과 좌절감을 느꼈을 때나 혹은 심한 죄책감에 시달리고 있을 때 종종 자해행동을 나타낼 수 있다는 것이다.

9. 자해행동을 위한 주요 치료법들

필자는 이와 같은 다양한 원인 이론에 대해 연구하고 또한 자해행동의 치료방법에 대한 각종 연구 보고를 검토한 후에 한 가지 치료방법만을 사용해서는 만족스럽게 자해행동을 치료하지 못한다는 결론에 도달했다. 따라서 자해행동에 대한 치료적 효과를 얻기 위해서는 여러 가지를 조합한 치료방법을 사용하는 것이 유리하다. 현재까지 학계에 알려진 치료방법 모델 중에 가장 이상형은 다음 세 가지의 혼합형(combined form)이다. 첫째는 스트레스 경감(alleviation) 요법이며, 둘째는 간헐적인 자극을 주는 응벌적 자극(punishment and aversive stimulus) 요법이며, 셋째는 약물(drug) 요법이다. 이 세 가지를 동시에 혼합하여 사용할 때에 큰 효과를 얻게 된다.

1) 스트레스 경감요법

하계에서는 자해행동에 대한 원인과 발전 과정에 관한 많은 논문을 발표했는데 그중에 치료에 도움되는 몇 가지를 다음과 같이 소개한다. 많은 전문가들은 자해행동이 자신이 억제할 수 없는 심한 정신적인 긴장 감정이나 상태의 외부적 표현으로 보고 있다. 따라서 자제력이 지극히 부족한 자폐 스펙트럼 상애 아동들은 사신이 소화할 수 없는 좌절감이나 스트레스를 느낄 때에 자신의 감정 상태를 자해행동으로 보이게 되는 것이다. 특히 자제력을 더욱 잃어 가는 사춘기 때에 자해행동의 빈도수와 강도가 월등히 높게 관찰된다. 자해행동을 보이는 아동들이 가정에서보다는 학교에서 현저하게 많은 자해행동을 보이며, 식사시간이나 여가시간보다 학습시간에 자해행동이 월등히 많이 관찰되는 것은 당연한 이치이다. 따라서 아동의 자제력과 아동에게 크게 스트레스를 제공하는 일과 환경을 세밀히 관찰하여 아동이 견디기 어려운 스트레스를 경감시키는 환경을 조성하여 주는 것이 예방 차원에서 옳은 방법이다. 이 방법은 감정 격분 행동(tantrums Behaviors)에 대한 치료방법의 일환인 환경 관리 방법(environment management)과 같은 방법으로서 학교나 가정에서 아동에게 편안한 분위기를 조성하며, 학습시간에 아동의 학습 능률과 관심을 더욱 증대시키면서 가급적 아동에게 거북하고 혐오스러운 환경을 경감시키는 방법이다. 때로는 환경을 수정하여 따뜻한 분위기를 창출하는 것도 중요하지만 아동의 격분한 감정을 자해행동으로 나타내기보다는 오히려 배구공을 차게 하거나 던지게 하면서 심리적인 스트레스를 해소시키는 것도 병행할 필요가 있다. 근육 이완 마사지나 가벼운 운동을 정기적으로 실시하면서 심리적인 스트레스를 경감시키는 것도 한 방법일 것이다.

2) 응벌적 자극요법

미국의 행동심리학자인 이바 로바스(Iva Lovvas) 연구팀은 자해행동이 사회생활 가운데 언어와 예절을 익히듯이 후천적으로 배우고 익힌 행동이라고 주장한다. 따라서 자해행동을 강화(reinforcement)하는 어떠한 상황이나 조건을 제거시켜야 한다. 예를 들어 아동이 경한 정도의 자해행동을 할 때 지나치게 관심을 기울이거나 신경을 곤두세운다면 오히려 아동의 자해행동을 강화시키는 결과를 낳게 되는 것이다. 말하자면 주변 사람들로부터 관심을 얻는 방법으로 자해행동을 일부러 보이게 되는 것이다. 그러나 자해행동은 행동 특성상 감정격분행동과 같이 무관심 방법을 사용할 수는 없기 때문에 엄격한 응벌적 자극(punishment or aversive stimuli)을 동반해야 한다. 많은 연구보고에 의하면 자해행동을 보이는 아동에게 응벌을 통한 관심을 보이면 자해행동을 강화하기보다는 오히려 줄이는 효과를 거두게 된다고 보고하고 있다. 응벌적 자극 요법은 여러 가지의 형태를 갖고 있는데 아동의 특성에 맞게 선택하여야 한다. 때로는 어떤 응벌적 자극 방법이 한 아동에게는 응벌의 효과가 있지만 다른 아동에게는 오히려 강화(reinforcement) 혹은 보상(reward)의 효과가 있기도 하기 때문에 사용 전에 면밀히 검토해야 한다. 예를 들어 아동이 자해행동을 보일 때에 그에 대한 행동치료인 조건화 운동(contingency exercise)으로서 자리에서 일어나고 앉기를 5회 실시하는데 때에 따라서는 아동이 이것을 즐길 경우 이는 응벌로서의 효과를 상실하고 오히려 보상이 되는 것이다. 그러므로 아동의 특성에 알맞은 응벌 형태를 잘 연구하여 다양하게 사용할 필요가 있는데 자해행동이 경하게 나타날 때에는 경한 응벌 자극을 사용하고 자해행동이 심하게 관찰될 때에는 엄격한 응벌 자극을 적용하는 것이 좋다. 미국에서 과거에 많이 사용되던 응벌적 자극방법으로는 배터리를 이용한 전기 방전방법(electric shock)과 물 분무 요법(water mist therapy) 등이 있는데 효과는 좋으나 최근 들어서 인격적인 문제로 이슈가 되고 있는 방법이다. 그래서 최근에 와서는 레몬주스 요법의 사용이 대체로 보편화되어 있는데 자해행동을 보일 때마다 신맛을 강하게 내는 레몬주스의 소량(one teaspoon)을 입에 넣어 준다. 이 요법은 이중적 효과가 있는 것으로 알려져 있다. 레몬주스의 신맛으로 인하여 자해행동을 하던 아동의 관심을 미각의 감각적 자극으로 관심을 전이(transfer)하게 하는 효과가 있으며 또한 신맛의 불쾌감이 응벌의 효과를 보여 자해행동의 빈도수를 줄이는 결과도 가져다준다. 최근에는 몇몇 치료기관에서 레몬주스가 오히려 신맛을 좋아하는 아동들에게는 보상(reward)의 역효과가 있기 때문에 레몬주스 대신에 면봉에 겨자유를 발라서 사용하는 경우도 있다. 최근에 소개된 요법 중에 암모니아수 향음 요법(aromatic ammonia therapy)은 자해행동을 보이는 아동에게 암모니아수의 냄새를 맡게 하면서 응벌의 효과를 나타내는데 그 치료적 근거는 레몬주스 요법이나 겨자유 요법과 동일하나 실패율을 극소화한 것이다. 위에 소개된 응벌적 자극방법들은 현재 학계 일부에서는 인격적인 차원에서 다소 논란이 되고 있기는 하나 앞서 소개한 신체적 제지(physical restraint)나 결박 방법보다는 아동에게 심리적인 고통을 극소화시켜 줄 뿐 아니라 그 효과가 크기 때문에 미국 내에서도 널리 사용하고 있다. 더욱 중요한 것은 위의 자극요법들은 항상 앞에 소개된 스트레스 경감법과 다음에 소개될 약물요법과 함께 사용하여야 큰 효과를 기대할 수 있다.

3) 약물요법

최근에 자폐증에 대한 생화학적(biochemistry) 연구가 활발해지면서 자폐 행동과 호르몬과 같은 신체 내 생화학물질과의 관계에 관한 연구 결과들이 계속 발표되고 있다. 특히 자해행동과 엔도르핀과의 관계에 관한 논문들이 계속 발표되고 있는데 적지 않은 수의 자폐 스펙트럼 장애 아동들이 일반인들보다 엔도르핀의 분비와 흡수가 현격하게 높은 것으로 발표되고 있다. 일반적으로 엔도르핀의 분비가 우리 인체에 좋은 것으로 알려져 있기는 하지만 지나치게 많은 양의 분비는 오히려 행동 장애를 유발할 수 있는 것으로 보고되고 있다. 신체 내에서 엔도르핀의 중요 역할 중에 하나가 마취 작용을 하기 때문에 자폐 스펙트럼 장애 아동이 자해행동을 할 때에 신체 내에서 분비된 많은 양의 엔도르핀이 오히려 고통을 느끼지 않게 도와주게 되어 자폐아로 하여금 더욱 자해행동에 대해 중독이 되도록 유도한다. 그래서 이러한 이론적 근거를 배경으로 자해행동을 치료할 수 있는 약이 개발되었는데 현재 가장 선호도가 높은 것은 주사약으로 나온 날록손(Naloxone)과 먹는 약인 놀트렉손(Naltrexone)의 두 가지이다. 이 약을 복용하면 신체 내에서 엔도르핀을 흡수하는 수용체(Receptor)를 차단하여 엔도르핀의 흡수를 막는 데 도움을 준다. 그래서 이 약의 다른 이름이 엔도르핀 차단제(Blockade)라고 불리기도 한다. 따라서 신체 내에서 엔도르핀의 주요 역할인 마취작용을 둔화시키고 고통을 촉진시켜서 자해행동과 같은 부적절 행동을 자연적으로 감소시킬 수 있는 것이다. 이 약을 복용하고자 하면 자폐 스펙트럼 장애 아동의 신체적 특성을 잘 알고 있는 담당의사와 상담하는 것이 우선적인 일이다. 이러한 엔도르핀 차단제 이외에도 할로페리돌(Haloperidol)이나 리스페리돈(Risperidal)과 같은 항정신의약물(anti-psychotic medications)을 사용할 경우 탁월한 효과를 보는 수도 있는데 최근에는 프로작(Prozac)이나 조로프트(Zoloft)와 같은 SSRI 계열의 항우울제(anti-depressants)로 효과를 보는 경우도 많다.[5)]

자해를 살펴보았는데, 자해는 자기 몸을 괴롭히거나, 상처를 내어 쾌감과 행복을 추구하는 것이다. 자살과 비교할 때, 자살도 이와 유사하다. 즉 경치가 너무 좋은 곳에 있다 보면 자살하고 싶은 충동을 느끼게 되고, 가장 행복할 때 이대로 죽어도 좋겠다는 생각을 하게 된다. 독일 나치정권 때, 가스실로 들어가기 전에 남녀 혼합실에 넣고 모두 옷을 벗기고 집단 섹스를 하게 하였다. 그들은 곧 가스실에 들어가 죽는다는 것을 알고, 더 발광적으로 섹스를 하고, 그 가운데 이대로 죽어도 좋다는 갈망을 하였다는 보고서도 있다. 자살률이 높은

---

5) http://bbs.freechal.com/ComService/Activity/bbs/CsBBSContent.asp?GrpId=2154026&ObjSeq=17&DocId=942947

장소는 경치가 가장 좋은 곳이다. 경치가 좋고, 행복이 극에 다다르면 자살을 생각하는 양면성이 존재하는 것이다.

감정의 폭이 상위 1%와 하위 1% 때 자살률이 높아질 수밖에 없다. 가장 행복할 때와 가장 처절할 때, 자기 자신이 현장에서 사라지는 것을 원하는 심리인 것이다. 그리고 군중심리, 집단 상황에서의 자살도 있다. 이것은 인간의 연약함을 보여 주는 단적인 자료인 것이다.

4) 집단자살

도카시키 사건＝태평양전쟁 말기인 1945년 3월 28일 오키나와 현 서남쪽 게라마(慶良間) 제도의 도카시키 섬에서 일어난 집단자살 사건이다. 3월 26일 미군이 인근 자마미(座間味) 섬에 상륙하는 등 전세가 불리해지자 동굴에 피신했던 마을 주민 800여 명의 일부가 극도의 공포감 속에 자살하거나 가족, 친지끼리 서로 살해해 적어도 315명이 목숨을 잃었다. 집단자살은 이곳 외에 자마미 섬 등에서도 발생했다. 당시 생존자들은 일본군이 미군에 사로잡히면 잔인하게 살해당할 것이라고 주장하며 일부 주민에게 직접 수류탄을 건네는 등 실제로 자살을 강제·유도했다고 증언했다.

또한 종교단체에서 이루어지는 집단자살도 있다. 교단 교주를 맹신하며, 교주가 이상주의를 부르짖을 때 여기에 동조하거나, 맹목적으로 따라가면서 집단자살이 행하여진다. 집단자살은 때때로 동물들에게서도 나타난다. 돌고래의 집단자살, 고래들의 집단자살, 물고기 떼의 집단자살, 새들, 들소, 코끼리 등, 어떤 이유에서인지는 정확히 밝혀지지 않았지만 집단자살이 행하여지고 있다.

집단자살의 심리 상태는 거의 흥분 상태에서 이루어지는 것 같다. 즉, 사리분별과 이성을 마비시키고, 군중심리에 의해서 자살이 미화되고, 내세와 천국에 대한 막연한 동경심으로 자살을 추종하는 것이다.

과거 히틀러 정권 때 곧 가스실에 실려 들어가게 된 사람들에게 당신들은 곧 가스실에 실려 들어가서 집단적으로 죽음을 맞이할 것이라는 이야기를 해 주고, 남녀 혼숙을 시켰더니 모두 집단적인 섹스를 하고, 광기 어린 행동으로 문란하게 번잡한 성관계를 했다고 한다. 이처럼 감정적인 것과 인본적인 것, 동물적인 것으로 죽음을 잊듯이, 집단적인 자살 또한 현실에 대한 피안의 마음을 집단적으로 갖는 것이다. 그러나 과학이 발달하고, 세대가 발전할수록 집단자살보다는 개인적인 자살 위주로 변화해 가고 있다. 그렇지만 꼭 과학의 발달이 집단적인 자살률을 낮추어 주는 것만은 아니란 점을 알아야 한다. 선진국에서 집단적인 자살률이 높아진 것을 보면 그것을 반증하는 것이 된다.

- 73년 4월 15일에 로마군에 저항하던 유대인 열심당원들이 마사다 요새에서 집단자살로 마감함으로써 약 960명이 사망했다.
- 자기 할복 의식인 하라키리를 비롯해서 제2차 세계대전에서 있었던 가미가제 전투에 이르기까지 일본은 오랜 자살의 전통으로 널리 알려져 있다. 제2차 세계대전 중 사이판에서 고립된 수백 명의 일본군은 미군 군대에 항복하지 않고 집단자살을 했다.
- 1978년 가이아나의 존스타운에서 일어난 종교집단 인민사원 사건으로 914명이 사망했다.
- 1987년 8월 29일 오대양 주식회사 사장 박순자 씨 등 총 32명의 시체가 동 회사 용인 공장에서 발견되었고 집단자살로 경찰에서 추정하고 수사를 종결하였으나 원인과 경위는 전혀 밝혀지지 않은 미제 사건으로 남아 있다.
- 1997년 미국 캘리포니아 주 샌디에이고에서 천국의 문(Heaven's

Gate) 신도들은 헤일-봅 혜성 뒤에 있는 외계인 우주선의 존재
를 믿고 그곳에 승선한다는 목적으로 집단자살을 함으로써 39
명이 사망했다.

집단세뇌도 자살에 이르게 한다. 단일 목표, 집단의 목표 안에서는
'자살'이 가능하다는 것이다. 그래서 자살 폭탄테러 등의 일들이 발생
한다.

믿음이 아닌 광신의 덫은 그래서 위험하다. 20세기 들어서 있었던
종교적 광기가 불러온 집단자살 사건을 몇 개 소개해 보겠다.

(1) People Temple의 Jonestown

인민사원이라 불리는 종교적 집단이 일으킨 집단자살, 살인사건.

지도자 짐 존스에 의해 설립된 종교
단체로 처음의 시작은 인디애나 주의
인디애나폴리스였다. 그 후 1965년 미
국으로 핵공격이 일어날 경우 안전할
것이라 믿는 캘리포니아 레드우드 골짜
기로 들어갔다가 규모가 점차 작아지는
것을 경계한 짐 존스는 다시금 도시로
나오게 된다. 그 후 많은 자금을 확보한
짐 존스는 남미의 가이아나 정부에 기
부금을 내고 땅을 불허받는다.

짐 존스. 존스타운의 지도자

손스타운의 모습

    이후 생활은 전형적인 집단농업 생활이었다고 한다. 하지만 많은 이들이 콩 등의 열악한 식생활을 할 때 짐 존스는 화려한 식생활을 즐겼다. 또한 아이들은 따로 격리하여 하루 중 매우 짧은 시간만을 부

짐 존스와 아이들

모와 함께할 수 있었고, 대부분의 시간은 짐 존스와 함께 보내야 했다. 이때 아이들은 짐 존스를 아빠, 아버지라 불러야 했으며, 갖은 학대를 받았다고 한다.

900여 명의 희생자를 낸 존스타운의 결말

존스타운의 결말은 매우 끔직했다. 1978년 11월 대대적인 자살, 살인극이 벌어졌다. 274명의 아이들이 죽었는데 그 아이들은 모두 그들의 부모에게 살해당했다. 대량의 독극물로 인해 벌어진 이 자살, 살인사건은 총 914명의 사망자를 내었고, 그 가운데는 짐 존스 역시 포함되어 있었다.

죽음의 현장

그 후 존스타운은 유령도시라 불리며, 1980년대 무렵 불태워졌고, 결국 황폐한 사막으로 남았다.

(2) 신의 십계 회복을 위한 운동

아프리카 우간다 지역에서 발생한 것으로 로마 가톨릭 교단에서 떨어져 나왔다. 이름에서 알 수 있듯이 이들은 십계를 맹목적으로 강조했다. 또한 이들은 '침묵'을 특히 강조했기 때문에 비밀적 성격이 강했다. 2000년 3월 300여 명의 신자가 불 속에서 광신에 의한 집단 자살을 하여 그것을 조사하는 과정에서 1,000여 명 이상의 사상자가 묻혀 있는 매장지를 발견했다.

불에 타 죽은 시체 300여 구(추정치) 발견 이후 또다시 대형 매장지 발견

정확한 수치는 알 수 없으나 존스타운을 뛰어넘는 20세기 역사상 최대의 집단자살극으로 보인다.

(3) 태양 신전

Solar Temple이 과거 성단기사단과 어떤 연관성이 있는지는 알 수 없으나 퀘벡에서 발생한 태양 신전의 경우 암시적으로 성단기사단과의 신비적인 연관성을 보이려고 했던 것으로 보인다. 1986년 캐나다 퀘벡 지방에서 Luc Jouret과 Joseph Di Mambro에 의해 만들어지는데 그들의 행태를 보면 상당히 복합적인 양상을 보인다. 즉, 신에 의한 멸망이 곧 다가오고 있으며 그 멸망으로부터 신도들을 시리우스로 인도하는 것이 자신의 사명이라고 말했다.

이들은 그래서 퀘벡에 거대한 방공호와 같은 시설을 지었고 이것은 핵으로부터, 그리고 각종 신의 멸망으로부터 퀘벡을 살릴 것이라고 말했다. 물론 이와 같은 건축물을 구성하는 데에는 신도들의 성금이 있었고 그것으로 지도자들은 호화로운 생활을 영위했다. 특히 Di Mambro는 태양 신전 활동을 위해 호주, 프랑스, 스위스 등에 지부를 두어 오가며 호사스러운 생활을 했던 것으로 보인다.

살인과 자살에 대한 기록은 이전에 있던 것처럼 한곳으로 집중되지 않는다. 가장 끔찍한 사건 가운데 하나라면 1994년 10월에 발생한 영아 살인 사건이 있다. 3달 된 아이는 나무 말뚝으로 여러 번 찔려 사망했는데, 이는 이 아이가 성경에 나오는 적그리스도의 화신이라는 확신에 의해 벌어졌다고 한다. 그것을 지시한 것은 Di Mambro일 것으로 보인다. 며칠 후 Di Mambro와 그를 따르는 12명의 추종자는 최후의 만찬을 실행한다. 그리고 캐나다, 스위스, 프랑스 등지에서 잇단 자살 사건이 발생했다. 그들은 자신의 육신을 지구상에 벗어던지고 환경파괴로 말미암아 죽어 가는 지구를 버리면 시리우스에서 부활할 것으로 믿었다.

너무 여러 곳에서 다발적으로 발생했기 때문에 정확한 통계는 내기 어려우나 1999년까지 74명 정도가 태양 신전과 연관되어 자살한 것으로 보고 있다.

(4) 오대양 사건

국내에서도 발생했던 종교적 집단자살 사건으로는 경기도 용인에서 발생했던 32명 오대양 신도들의 집단자살 사건이 있다. 하지만 이 사건에는 170억 원이라는 사채와 연관되어 집단자살극이 아닌 집단타살이라는 의문도 제기되고 있다.

1984년 오대양 회사의 설립과 함께 종말론을 내세워 종교적 단체로 설립한 박순자는 신도들에게 170억 원이라는 빚을 지고 있었고 이를 갚으라는 신도들의 가족을 살해한 것으로 보인다. 일각에서는 그러한 살인사건 전모를 숨기기 위해 자살을 지시했다고 보고 있다.

'믿는다'라는 것은 때때로 광신의 결과를 가져온다. 특히 남들이 믿지 않고 손가락질하는 것들에 대한 믿음은 내부로 굳어져 일반인으로서는 상상하기 힘든 일들을 벌이기도 한다. 가까운 예가 바로 1987년 국내에 있었던 이 오대양 사건이다.

(5) Heaven's Gate 천국의 문 사건

일반인들은 단순히 재미로만 보고 지나갈 UFO와 관련된 집단자살 사건이 있다. 바로 1997년 일어난 Heaven's Gate 천국의 문 사건이다.

실제로 외계인을 만나고 온 사람들이 흔히 말하는 것이 인류의 기원은 외계로부터이며, 여기서 한 걸음 더 나아가 예수와 하나님을 외계인으로 설명한다. 이렇듯 기존 종교와 UFO 숭배가 쉽게 일치한다는 점에서 기존의 기독교인들이 더 쉽게 빠져드는 경향도 보인다.

천국의 문 사건에서 중요한 점은 상당히 카리스마 있던 인물 마셜 애플화이트도 같이 자살했다는 점이다. 마셜 애플화이트는 천국의 문의 주요 지도자로 1972년 심장 이상에 의한 임사체험을 겪은 후 간호사 보니 니틀과 함께 이런 종교적 UFO 숭배집단을 이끌게 된다. 그들은 서로를 Bo와 peep으로 부르다가 Ti와 Do, 'UFO Two'라고 칭한다. 하지만 보니 니틀은 암으로 사망하게 되고 그 12년 후에 Do 마셜 애플화이트가 집단자살 사건을 일으킨다.

캘리포니아 랜초 산타페에서 벌어진 집단자살극은 결국 38명의 숭배자와 애플화이트 본인의 자살로 인해 종말을 맞게 된다. 이런 UFO

숭배의 집단자살극에는 공통점이 있다. 우선, 육신이 있는 상태에서는 UFO에 오를 수 없다고 말한다. 결국 스스로 목숨을 끊고 육신을 벗어 낸 정신 상태에서만 UFO를 탈 수 있다는 것이다. 마침 1997년 3월에는 혜성이 지구를 향해 오고 있었고 Do 마셜 애플화이트는 혜성 뒤에 '우리'를 데려갈 UFO가 대기하고 있다고 이야기했다. 결국 1997년 3월 26일 보드카를 마시고 비닐봉지에 본드를 잔득 칠한 채 머리에 뒤집어쓰고 단체로 자살하였다.

빌리 마이어스나 라엘을 경계하는 이유도 이러한 사건들 때문이다. 실제로 라엘은 라엘리언 무브먼트를 창시해 종교적 지도자로 행세하고 있고, 빌리 마이어스 역시 그를 따르는 사람들을 수족처럼 부리고 있었다.

(6) 동물들의 집단자살

동물들도 집단자살을 하기도 한다. 고래가 집단자살을 한 사례가 있다.

남극해와 뉴질랜드 해안을 오가던 길잡이 고래(pilot whale) 수십 마리가 집단으로 사망한 사건이 있다. 고래를 집단 사망에 이르게 한 좌초현상(stranding)이 아직 규명되지 않고 있다.

뉴질랜드 AP통신에 따르면 오클랜드 카리카리(Karikari) 해변에서 육지에 올라와 사경을 헤매는 고래 58마리가 발견됐다. 해양경찰과 자원봉사자 200명이 즉각 참여해 고래를 살리기 위한 12시간의 숨 가쁜 구조 활동이 벌어졌다.

그러나 무게가 무려 1,500kg인 길잡이 고래를 모두 살리는 데 역부족이었다. 구조대는 58마리 중 13마리만 다시 바다로 돌려보내는 데 성공했다. 그나마 이 중 4마리는 다시 해안가로 돌아왔고 구조대는 2시간 넘게 이 고래들을 바다로 되돌려 보내려고 애썼으나 실패했다. 결국 구조대는 4마리를 사살 조치했다. 이미 바다로 돌아간 9마리의 생존 고래들이 이 고래들의 신호를 받고 다시 해변으로 돌아와 추가 피해가 일어나는 것을 막으려는 고육지책이었다. 해양경찰 당국은 이날 사망한 고래 49마리를 근처 해변에 묻은 것으로 전해졌다. 길잡이 고래 집단사망 사건이 일어난 이 해변은 2007년에도 고래 101마리가 목숨을 잃는 등 해양 동물의 좌초현상이 세계에서 가장 빈번하게 일어나는 곳이다.

한편 고래나 물개, 바다표범 등이 육지로 올라와 식음을 전폐하며 죽음에 이르는 좌초현상은 뉴질랜드, 호주, 스페인 세계 곳곳의 인근 해역에서 발생했으나 정확한 원인이 밝혀지지 않았다. 질병에 대한 종족보존을 위한 자기희생이라는 주장에서부터 바다 오염이나 먹이 고갈에 의한 생태계의 위협이라는 분석, 인간들이 사용하는 음파탐지기에 의한 방향감각 상실에서 발생했다는 추정까지 주장이 분분하다.

10. 자살의 심리적 원인

자살의 심리적 원인을 살펴보려면 자살하는 사람들의 심리적인 문제에 집중해야 한다. 여기에는 '자살하는 사람들이 어떤 심리를 갖고 있는가', '그들은 왜 자살하려고 하는가', 그리고 '그들은 어떤 심리 상태에서 자살을 시도하는가' 등이 해당된다. 이런 질문을 던지고는 있지만 기대에 부응하는 시원한 답변에는 미흡할지 모른다는 생각도 든다. 이는 심리학 영역에서 자살에 대해 학문적인 연구가 있지만, 그 입장이 학파마다 다르고 누구나 동의할 만큼 일치된 결론이 아직은 정리되지 않았기 때문이다.

자살의 본격적인 연구가 공교롭게도 사회학자에 의해 시작됐다는 점만 봐도 이를 알 수 있다. 프랑스의 사회학자 에밀 뒤르켕(Emile Durkeim)이 자살에 대한 이론을 정리해 발표하면서 자살을 심리적으로 이해하기 시작했다. 이때부터 심리학적인 연구가 시작됐다. 이런 관점에서 자살의 심리적 원인에 대해 몇 가지 특징적인 점에 초점을 맞춰 포괄적으로 정리한다.

1) 욕구 좌절에 의한 자살

인간은 욕구적 존재다. 자신의 욕구를 이루기 위해 살아가는 존재인 것이다. 그러기에 자신의 욕구가 심각하게 침해받거나 이룰 수 없다고 판단되면 평소에는 생각하지 않는 이상한 행동을 하게 된다. 개인이 기대하고 바라는 욕구가 좌절됨에 따른 갑작스러운 태도다. 이는 인간에게 욕구가 중요하다는 것을 의미하며, 극심한 욕구의 좌절이 있을 때 자살을 시도할 가능성이 그만큼 높다는 것을 시사한다. 욕구의 좌절과 관련해 다음 네 가지 측면을 생각할 수 있다.

2) 사랑의 실패로 인한 자살

사랑의 실패는 위축된 사랑, 수용과 의존, 협력에 대한 욕구의 좌절과 관련된다. 사랑과 관련해 자살하는 경우는 '사랑이 사람을 죽인다'는 것을 생각하게 만든다. 사랑의 실패 때문에 죽으려는 사람들은 자살이야말로 사랑의 진실을 증명하는 최후의 방법이라 믿는다고 한다. 그런 이유로 '사랑에 의한' 자살은 오늘날에도 여전히 가장 큰 부분을 차지한다.

특히 프랑스혁명 때 연애로 인해 일어난 자살 중 소피 모니에의 사례는 아직도 인구에 회자된다. 대웅변가이던 미라보와의 파란만장한 관계로 유명했던 그녀는 미라보가 죽자 마지막 연애가 끝났으니 자기 앞날은 무의미하다고 생각했다. 그녀는 미라보의 장례식에 참석한 후, 집에 돌아와 그의 초상을 손에 쥐고 자살했다. 자살 도중 마음이 변할까 봐 그랬는지 두 발을 쇠사슬로 침대 기둥에 매어 둔 상태였다는 점은 사람들을 더욱 놀라게 만들었다. 사랑과 관련된 이러한 사례는 연애의 실패가 일차적이지만 사랑과 애정의 실패, 더 나아가 더 넓은 의미의 사랑으로 이해되는 '진정으로 자신을 수용하지 않고 협력해 주지 않는 사람들부터의 좌절된 심리'도 해당된다.

3) 중요한 관계의 단절로 인한 자살

중요한 관계의 단절은 인간에게 극심한 슬픔을 유발시킨다. 세상에서 가장 사랑하고 기대 살던 사람과의 관계가 단절되면 걷잡을 수 없는 심리적 상태가 된다. 이런 점에서 전술한 사랑의 관계와 일면 중첩되지만, 여기서는 연애를 뛰어넘어 상당히 의존하던 사랑의 관계를 의미한다. 이런 관계는 정신적으로 어느 정도 협력과 양육에 대한 욕구의 좌절과 관련된 것이기에 대개는 심리적 선행 요소가 존재한다. 이를테면 치명적으로 자신에게 해를 가할 수 있는 능력, 다른 사람에게 짐이 된다는 생각, 집단이나 사람들과의 관계에 관련돼 있지 않다고 느끼는 것 등이다.

관계의 단절은 대개 심각한 소외를 초래한다. 이때 당사자는 인간이 원초적으로 갖는 외로움을 깊이 경험한다. 자신은 혼자라는 소외와 외로움이 걷잡을 수 없이 밀려든다. 함께 살아가던 배우자나 가족들과의 사별이 대표적이다. 필자가 상담한 내담자 중에는 아버지가 병환으로 돌아가신 지 6개월 후에 모친이 자살한 경우가 있었다. 아마도 그녀의 모친은 사랑하는 남편 없이 혼자 살아가는 것이 무의미하다고 생각했는지 모른다. 남편을 얼마나 사랑했으면 뒤따라갔을까 생각하면서도 남은 가족을 돌보지 못할 정도로 자신을 가누지 못한 안타까움에 마음이 아팠다. 이런 자살은 흔하지 않지만 여전히 일어나고 있다는 점을 유의해야 한다.

4) 수치·모욕과 관련된 자살

한 개인이 극심한 수치와 모욕을 당하면 감당하기 힘들어 평소와는 전혀 다른 행동을 한다. 이렇게 일어나는 자살은 심리학적으로 공격받은 자아상과 수치, 패배, 모욕과 불명예에 대한 욕구 좌절과 관련된 문제로 볼 수 있다. 수치와 모욕을 치욕이라 한다면, 여기는 명예 훼손이나 불명예 또는 중상모략 등이 포함된다. 개인은 이런 치욕의 상황에서 본능적으로 자신을 지키려는 행동을 시도하는데, 자살이 하나의 방법일 수 있다. 자살이야말로 자신에게 주어진 모든 불명예를 씻어 준다고 생각하는 것이다.

최근에 일어난 유명 연예인들의 자살도 이런 측면과 상당히 관련돼 있다. 이들은 자신을 둘러싸고 일어나는 여러 가지 누명이나 억울한 사건들이 지금까지 쌓아 온 자신의 명예를 한순간에 무너뜨리고 있다고 판단한다. 사람들이 자신을 웃음거리로 만들어 조롱하고 야유를 보낸다고 생각하는 상황에서 힘을 내기 어려운 가운데, 보란 듯이 자신의 정당성을 입증하려 자살을 선택한다. 역사적인 인물 가운데는 1960년대 그리스 과학자 지시스가 이러한 예다. 그는 납을 원료로 한 도료를 사용해 파르테논 신전을 보수하자는 제안을 했지만 신문에서 그 제안을 비웃었고, 스스로 목숨을 끊었다. 그러나 그의 제안은 정확한 것이었고 오늘날 전문가들은 그가 제안했던 방법을 그대로 사용하고 있는 것으로 알려지고 있다.

5) 부당한 대우에 명예를 회복하기 위한 자살

명예회복에 의한 자살은 대개 사회 질서와 관련돼 일어난다. 자신의 공과를 정당하게 인정받지 못해 법적으로 책임을 지거나 사회로부터 심각한 침해를 당했다고 판단하는 경우다. 부당한 대우에 항거하는 자살에는 와해된 조절, 예측 가능성과 정리, 성취와 자율성, 질서를 이해하는 데서의 좌절과 관련된 문제다. 인류 역사가 시작되면서부터 왕이나 대통령, 또는 가까운 사람들로부터 부당한 대우를 받는다고 생각해 죽음을 선택한 사람들은 언제나 있었고 지금도 있는 편이다.

로마의 웅변가 라비에누스 티투스는 몇 년간 몰래 당시 역사를 쓰다 아우구스투스 황제의 신하에게 고발된다. 원로원은 그가 써 놓은 것들을 모두 불태우라고 명령했다. 라비에누스는 자신이 저술한 것을 잃으면서까지 살고 싶지 않다고 생각, 가족 묘지로 가서 자살했다. 부당한 대우 때문에 자살하는 경우는 굳이 역사적 사건을 들추지 않아도 될 것이다. 얼마 전 세상을 떠들썩하게 했던 대기업 고위간부의 한강 투신과 현재 보도되고 있는 여자 연예인의 자살 등은 죽음으로 부당한 대우를 알리고 명예를 회복하려는 안타까운 노력으로 봐야할 것이다.

6) 심리적 고통의 출구로서 자살

자살은 또 심리적인 고통의 출구로서 시도된다. 자살하는 사람은 자살을 감행하기 전 먼저 극심한 심리적 고통을 경험한다. 자신에게 일어난 여건이나 사건이 심리적인 부담을 가중시키는 상황에서 견디기 어려운 고통을 심각하게 경험한다. 극심한 심리적 고통이란 물론 개인마다 차이가 있다. 어떤 사람은 대단히 힘겨운 일도 별것 아니라고 여기는가 하면, 또 다른 사람은 가벼운 일상의 고통을 무척 힘겨운 것으로 여기기도 한다. 이런 심리적 고통은 여러 가지를 생각할 수 있지만 대개는 극심한 좌절감과 엄청난 방해 또는 심각하게 위축을 초래한 문제 등을 들 수 있다.

사람은 심리적 고통이 극에 달하면 도저히 견딜 수 없는 상태에서 고통의 출구를 찾고자 한다. 그것이 반드시 자살이라는 결과로 귀결되지는 않지만 마땅한 해결 방법이 떠오르지 않아 도저히 어떻게 할 수 없는 상황이라고 결론이 나면 자살을 선택한다. 이는 자살이 고통스러운 정신적 삶을 정지시키는 수단으로, 견딜 수 없는 심리통(psyache)에서 기인하는 것으로 보는 이유다.

그런 점에서 인지행동학자들은 역사적으로 자살을 '도움의 호소(cry for help)'라 간주한 것을 '고통의 호소(cry for pain)'로 봐야 한다고 역설했다. 자살 행동은 뭔가를 전달하려는 경우가 많고, 이는 어떻게 할 수 없는 고통에 의해 유발되므로 고통이 일차적이고 도움에 대한 호소는 이차적이라는 것이다.

자살의 심리적 고통은 현재 상황을 벗어날 수 없고 구원받을 수 없다는 상황에 대한 반응이다. 아무도 이런 고통에 있는 자신을 도와줄 수 없다고 판단되면 고통은 더욱 가중된다. 이 과정에서는 대개 개인의 심리적 과정이 개입해 좌절을 피하는 것, 벗어날 수 있는 가능성, 그리고 사회적 지지에 의해 벗어날 수 있을지에 대한 평가를 왜곡되게 한다. 그 결과 개인은 덫에 걸렸다는 느낌과 막다른 골목이라는 느낌(sense of entrapment)을 갖게 돼 실패를 피할 수 없다는 생각이 결합되고, 자살을 시도하게 된다. 이때 이전의 부정적인 생각이 실패했다는 기억과 함께 문제 해결능력을 저하시키고 미래를 긍정적으로 생각할 수 있는 능력을 제한하게 된다. 이런 상황에서 사람들은 무기력의 생물학적 과정이 유발되거나 모방 자살을 시도하기도 한다. 어떠한 방법으로도 이 고통에서 벗어날 수 없다고 판단한 결과를 초래한 때문이다.

7) 절망적 현실로부터의 도피로서 자살

현실은 자신의 삶을 떠받치는 힘이다. 사람은 자신의 현실이 빈약하면 힘을 잃지만 현실이 희망적이거나 좋으면 힘을 얻는다. 이런 점은 개인의 기대와 현실의 괴리가 심리적인 문제에 크게 좌우되고 있음을 상정하는 것이다. 그러니까 욕심이 적은 사람이나 현실에 기대감이 낮은 사람은 기대감이 높은 사람에 비해 불만족은 작아지게 된다. 그만큼 절망감이 감소되기에 자살할 위험성이 줄어든다는 것이다. 이는 자신이 바라는 이상에 대한 기대감과 현실의 불만족으로 인한 좌절감이 자살의 기초임을 의미한다.

현실에 대한 괴리감은 종종 부담으로 작용해 개인을 심리적으로 심각하게 억압하기도 한다. 그러면 개인은 억압 상황의 회피를 시도한다. 그래서 인지치료학자인 바우마이스터(Baumaister)는 자살을 '자기로부터의 도피'로 개념화하면서 자살에 이르는 과정을 제시했다. 개인이 이루고자 하는 기대 수준은 높지만 현실적인 상태가 그에 도달하지 못할 때 기대와 현실 간의 괴리가 생기고, 그 이유를 자신의 탓으로 돌려 자기 비난과 부정적인 평가를 한다는 것이다. 이런 상황에서 개인은 주의 초점을 자신에게 되돌려 고통스러운 자기 지각이 더 커지고 자신을 더 부정적으로 평가한다. 여기서 자신에 대한 부정적인 정서 상태가 초래된다.

개인은 고통스러운 생각과 감정을 해소할 수단을 강구하는데, 이때 어떤 판단을 할 수 없는 '인지적인 몰락(cognitive deconstruction)' 상태가 된다. 인지적인 몰락 상태에서는 정신 기능이 협소화돼 매우 부정적인 판단을 초래한다. 모든 것에 대한 의미부여를 거부하고 피상적이고 무가치하게 지각하고 해석하는 정신 상태가 되기 때문이다. 이런 정신 상태는 자살을 가로막던 여러 가지 내적 억제력을 약화시켜 극단적인 선택을 하게 만든다.

　절망적 현실 앞에 힘을 잃지 않고 의연할 사람은 많지 않다. 인간은 강한 존재인 것 같아도 실제로는 한마디 말에 자신을 포기할 수 있는 나약한 존재이기도 하다. 아무리 노력해도 지금 상황을 반전 내지는 변화시킬 수 없다고 판단되면 해결의 출구를 생각하기 마련이다. 그것이 극단적인 방법 중 하나로 죽음도 선택할 수 있게 한다. 이런 이유로 어려운 환경에 있는 사람에게는 함부로 대하기보다 그들이 처해 있는 환경의 어려움과 심리적 상태를 고려해 대응해야 한다. 한마디의 위로와 격려의 말이 대단한 위력을 발휘하는 원동력이 될 수 있다는 점을 기억헤야 한다.

8) 자기 파괴적 본능에 의한 자살

　자살이 자기 파괴적 행동이라고 할 때 우리는 인간의 본능적 측면을 생각하지 않을 수 없다. 인간은 원초적으로 파괴를 일삼는 유전인자가 내재된 것은 아닌가 하는 것이다. 이런 본능에 대해 프로이트(S. Freud)는 인간이 건설적인 측면을 가진 특성을 에로스(Eros)라는 생명본능으로, 파괴적인 측면을 가진 특성을 타나토스(Thanatos: 그리스 신화에 나오는 의인화된 죽음의 신)라는 죽음본능으로 구분했다. 생명본능인 에로스를 그토록 구가하던 그가 전쟁을 겪으면서 파괴를 일삼는 인간을 보면서 인간이란 죽음, 곧 무기물로 돌아가려는 본능을 선천적으로 가졌다고 생각한 것이다. 이런 파괴적 본능은 우리가 일상생활에서 건설적으로 노력하다가도 때로는 모든 것을 엎어 버리고 싶은 심리가 작동되는 것으로 경험한다.

프로이트에 의하면 인간들은 살고 싶다는 생각을 가지고 있으면서도, 마음 깊은 곳에서는 끊임없이 죽음을 생각하고 있다고 한다. 프로이트는 이것을 죽음의 본능인 타나토스라 불렀다. 이 죽음 본능인 타나토스와 대립되는 것이 바로 에로스인데, 이는 새로운 생명을 창조하는 원동력인 동시에 생존본능이다. 일반적으로 에로스와 타나토스는 서로 굳게 융합돼 있다. 이를테면 동전의 앞뒷면과 같다. 인간은 두 가지 본능, 즉 에로스에 이끌려 삶을 영위하고 있으면서도 다른 한편으로는 타나토스의 영향을 받아 죽음의 길을 향해 달려가고 있는 존재인 것이다.

칼 메닝거(Karl Menninger)는 이런 파괴적 본능에 대해 자살 행동을 하게 만드는 정신역동적인 동기라고 표현했다. 죽이고자 하는 소망, 죽임을 당하고 싶은 소망, 죽고 싶은 소망 등이다. 모든 자살의 경우 이 세 가지 동기가 모두 나타나지만, 나중에는 어느 하나의 동기가 두드러진다. 그리고 죽이고자 하는 소망과 죽임을 당하고 싶은 소망은 나이가 들면서 감소하지만, 죽고 싶은 소망은 나이가 들면서 증가한다. 이는 자살하고 싶은 심리가 점점 증가한다는 것을 시사한다. 자살을 개인의 파괴적 본능으로 본다면 누구나 자살할 가능성이 있다는 뜻이다. 개인은 잘 살아가다가도 일이 잘 안 되거나 막히면 다시 일으켜 세워 보려는 건설적인 생각을 하기보다는 '쓸어버리고 엎어버리려는 심리'가 작동할 수 있기 때문이다.

우리는 이런 상황을 생활 속에서 얼마든지 경험하면서 살아 나가고 있다. 이런 측면에서 많은 고생과 실패를 경험하고도 포기하지 않고 노력하는 사람들이 역사의 무대에 영웅으로 선다는 점을 생각하게 된다. 우리는 그들을 '인생에서 성공한 사람'으로 인정하고 칭송한다. 반면 조금만 견뎌 나가면 되는 상황에서도 쉽게 좌절하고 포기하는 사람들이 있다. 우리는 그들을 '인생의 실패자'로 낙인찍기도 한다. 이런 상황에서 긍정적으로 작용하는가 아니면 부정적으로 작용하는가의 문제는 누구도 단언하기 어렵다. 개인이 생활해 온 경험과 성격이 중요하게 작용할 것이라는 추측만 할 뿐이다.

9) 기타 원인론적 자살

자살에는 실로 다양한 원인이 있게 마련이다. 죽음으로 타인에게 복수하려는 보복성 자살, 스스로 자신의 무기력함을 비관해 죽음을 선택한 자기 처벌성 자살, 그리고 죽음으로 사신의 정당성을 입증하는 자살도 있다.

보복성 자살은 죽음으로 타인에게 복수한다는 측면에서 가해적인 자살이다. 설령 자살자가 잘못한 경우라도 이때는 자살자의 엄격한 우위성이 인정된다. 죽은 사람에 대해서는 어떤 말을 한다는 것 자체가 허용되지 않기 때문이다. 그런 점에서 보복성 자살은 자신을 파괴하면서 상대방을 치명적으로 훼손하는 의도를 가진 가해적 자살이다.

그런가 하면 스스로 무기력함을 비관해 선택한 자기 처벌성 자살은 애처롭기까지 하다. 자신이 가진 계획이나 생각이 너무나 형편없다고 생각한 나머지 스스로에게 실망해 자살을 선택했기 때문이다. 물론 자신에 대해 실망한 수준이 지나쳤다는 것이 문제이지만, 어느 면에서는 타인에게는 위해를 가하지 않는 매우 양심적인 측면도 있다.

반면 죽음으로 자신의 정당성을 입증하려는 자살은 매우 억울하고 심각한 원한을 갖고 스스로 죽음을 선택한 것이다. 자신의 정당성을 인정하지 않고 주변 사람들이 모든 문제의 원인을 자신에게 돌릴 때 이를 감당하지 못하고 죽음으로 자신의 결백성을 말하는 것이다.

이렇듯 자살은 어떤 형태든 죽음으로 자신을 표현하는 행동이다. 심각한 수치심이나 불명예 등의 치욕으로 인한 것이든, 사랑하는 사람에게 부담이 될까 봐 죽음을 선택했든, 개인의 정당성을 위해 죽음을 선택했든 모든 자살에는 그만한 이유가 있다. 그러나 이런 이유와는 달리 자살은 현상적으로 분노와 공격적·파괴적인 측면이 공통적으로 드러난다. 이런 생각은 자살을 내부로 향한 분노로 개념화했다.

그런가 하면 인지행동학자는 자살과 자기 파괴 행동을 낮은 스트레스 역치, 제한된 대처 능력을 다루기 위한 기본적인 노력으로 보기도 한다. 그런 점에서 부적응적인 데 대처하는 기술을 가르치고 대체하고 정적으로 강화해 행동적으로 소거할 수 있다고 본다. 이의 일환으로 만성적인 자살시도 환자를 위해 자살 행동의 동기와 능력의 결여를 결합하는 치료법을 강조하고 있다. 자살하려는 사람은 중요한 대인관계, 자기조절과 스트레스 내성의 기술과 능력이 결여돼 있으며, 개인적·환경적인 요인이 가진 행동적 기술을 사용하는 것을 억제하고 새로운 기술과 능력을 개발하는 것을 방해하며, 종종 부적절한 행동이나 자살 행동을 강화한다는 이유 때문이다.

따라서 극한 심리상태에 빠지지 않도록 평소에 노력이 필요하다.

11. 역사를 통해 본 자살

우리는 이상에서 자살의 심리적 원인을 다뤘다. 자살하려는 사람의 심리를 잘 이해해 자살을 막아 보자는 것이다. 실제로 자살하려는 사람들은 삶에서 정서적, 대인 관계적, 행동적 스트레스를 개선하거나 견딜 수 있는 능력을 갖고 있지 않은 상태다. 자살 시도자들에 대한 연구에서도 인지적인 경직성, 이분법적 사고, 빈약한 추상능력과 대인관게에서 문제를 보이는 것으로 나타났기 때문이다. 물론 우리는 이런 극한 상태에 빠지지 않도록 평소에 노력하면서 살아야 한다. 자신의 문제를 긍정적으로 보고 건설적인 노력을 끊임없이 추구하는 노력을 기울여야만 한다.

이런 노력에도 불구하고 우리는 지면관계상 사살을 구체적으로 다루지 못한 아쉬움을 남긴다. 여러 명이 동일한 뜻을 가지고 죽는 집단자살이나 군대에서 명예와 군법에 의한 자살, 그리고 어느 단체를 위해 죽는 희생적 자살은 그 특수한 성격 때문에 다루지 못했다. 그 외에 죽은 사람과 저세상에서 결합하려는 목적으로 자살하는 경우도 있다.[6]

종교개혁 시대는 역사적으로 보면 르네상스 시대와 중첩된다. 르네상스 시대는 16세기를 아우르고 있기 때문이다. 이 시대는 중세적인 봉건제를 버리고 근세적인 중앙집권화가 진행됐고, 문예사조로는 르네상스에 해당돼 휴머니즘이 주창됐다. 이 시대의 '휴머니즘'은 이교적인 그리스·로마 시대의 고전을 따르고, 인간적 가치의 앙양을

---

6) http://www.christiantoday.co.kr/view.htm?id=201597

목표로 해 기독교와 모순되게 여겨지지는 않았다. 인문주의자들의 목표는 '크리스천 휴머니즘'의 확립이었다. 종교개혁은 사실상 이런 르네상스 시대 휴머니즘의 바탕에서 일어났다고 이해해야 한다.

1) 자살은 개인의 문제

종교개혁 시대는 인문주의 후기와 중첩되고 있다고 했다. 중세 신 중심의 신앙적인 압박에서 벗어나 인간성이 중요시되고 있었다. 인간의 이성(理性)이 중요하게 작용해 인간의 생각이나 행동, 존엄성이 서서히 기치를 들기 시작한 시대다. 자살도 사회에서 허용하거나 인정하는 분위기는 아니었지만 부분적으로는 자살을 개인적으로 봐야 한다는 관점이 제기되기도 했다. 이런 분위기를 만드는 데 앞장선 것은 전술한 토머스 모어(Thomas More)와 몽테뉴(Michel Eyguem de Montaigne)다.

토머스 모어가 『유토피아(Utopia)』에서 자살을 고통이나 치료될 수 없는 질병으로 인해 괴로움을 당하는 사람에게 허용하듯이 표현한 것이나, 몽테뉴가 『수상록(Essias)』에서 자살 사례와 자살을 칭송한 로마 작가들의 글을 인용한 것에서 알 수 있다. 몽테뉴는 특히 "삶은 타인들의 의지에 달려 있으나 죽음은 자신의 의지에 달려 있다"고 말하기도 했다. 그의 의도는 자살을 전체적인 것보다는 개인의 문제로 생각하자는 것이다. 이는 철학이나 학문, 그리고 신앙의 영역이 함께 다뤄지는 분위기에서 자살이 다르게 이해되는 단면을 엿볼 수 있게 만든다. 여기에다 스펜서는 『요정여왕』을 통해 플라톤적인 연애사상, 아리스토텔레스적인 인문주의, 거기에 청교도주의까지 섞어 그것들이 서로 모순됨에도 관능적인 회화미와 밝은 음악미를 구현하게 한 것으로 유명하다.

뿐만 아니라 이 시기의 문예를 대표하는 것이 운문극이었다는 사실이 이를 뒷받침한다. 종교극에서 출발한 영국 연극은 서서히 세속화의 길을 걷다가, 16세기 중반 사회적·사상적으로 진폭이 커진 엘리자베스 시대가 되자 국민들의 연극에 대한 정열이 폭발해 급속한 발전을 이룬다. 인간의 중심이 되는 이성의 작용을 통해 인간의 욕망에 자유로운 가치를 부여했다. 끝없는 욕망에 사로잡혀 있는 인물을 그림으로 그렸고 그것을 다시 연극으로 표현하는 데 열중했다. 그러나 이 시기에도 여전히 인간의 욕망에는 한계가 있고, 그 한계를 넘어서는 사람이 겪어야 하는 '지옥에 떨어지는 듯한' 무서움을 모르지는 않았을 것이다.

2) 자살은 중대한 죄악

종교개혁은 기존 종교 세력의 타락에 눈을 뜬 새로운 신앙적 열정을 가진 사람들의 비판의식에서 비롯됐다. 교황의 과세와 교직 임명에 대한 간섭은 백성들의 생활에 압박감을 줬다. 교황청의 행정도 부패했다. 여기에 수도원들이 소유한 많은 토지는 귀족들이나 농민들에게 좋게 보일 리 없었다. 개혁이 요청되고 있었다. 농민들은 지방 교직의 착취로 경제적 불안 상태에 있는데다가 불같이 일어나는 독일 휴머니즘의 지성적 발전과 일반적 종교 각성은 백성들에게 깊은 공포심과 구원에의 관심을 불러일으켰다. 이런 시대적 상황에서 종교개혁은 오직 믿음(sola fide), 오직 성경(sola scriptura), 오직 은혜(sola gratia)가 슬로건이 될 수 있었다.

이 시기에는 신의 주권이 강조되고 신의 섭리와 삼위일체론이 중요시됐다. 마틴 루터가 외친 "인간은 스스로 자신을 구원할 수 없고, 오직 하나님만이 죄로 물든 인간을 의롭게 하신다"는 칭의론이나 칼뱅의 예정론이 새롭게 부각됐다. 오직 절대적인 신의 주권만이 강조되던 이 시대에 인간은 하나님의 뜻을 헤아려 순종하는 길만이 중요했다. 이런 분위기에서 종교개혁 시대의 자살은 제6계명을 어기는 행위라는 사실에 기초할 수밖에 없었다. 생명을 파괴시키는 자살행위는 중대한 죄악이었다. 타인의 생명을 종결시키는 행위이든 자기 자신의 그것이든 하나님의 형상에 중대한 손상을 가하는 행위로 봤기 때문이다. 하나님 한 분만이 생명의 절대적 소유권을 가지고 계시기에 자살은 하나님의 소유물(시 24:1)을 자의로 탈취하는 행동이라는 관점이었다. 죽이기도 하고 살리기도 하시는 권한을 가지신 분은 하나님 한 분뿐이시기 때문이다(신 32:39, 삼상 2:6).

신의 주권이 강조된 종교개혁 시기에는 자살이 엄격하게 금지됐다. 교회와 사법기관은 스스로를 파괴하는 자살 행위에 대항하는 싸움을 계속했다. 17세기 교회와 자살과의 싸움은 "자살하는 자는 품위 없는 평민"이라는 루이 14세의 선언에서 가장 극명하게 나타난다. 그는 자살한 사람의 손가락을 직접 모두 잘라 버렸다. 뿐만 아니라 그가 살던 집을 파괴하고 집을 둘러싼 숲의 나무들도 모두 베어 버리도록 명령했다. 자살한 귀족의 문장은 교회 대표자들이 보는 앞에서 모두 깨진다. 자살한 사람이 부르주아이거나 대표자였다면 그의 사체를 목매달아 걸어 두고, 재산은 모두 몰수해 왕에게 바쳐진다. 자살 미수의 경우 그 사람은 지하 독방에 갇히거나 광장에서 곤장을 맞아야 했다.

3) 자살은 회개할 수 없는 죄

종교개혁이 믿음의 시기로 상징되는 데서 알 수 있듯, 그 시대 자살이란 도저히 용납되지 않았다. 이런 관점은 하나님이 주신 생명을 인간이 함부로 파괴할 수 없다는 중세 사상과 맥을 같이한다. 실제로 칼뱅(Calvin)을 위시한 종교개혁자들은 보다 엄격하게 자살을 금지했다. 자살은 긍휼이 여김을 받을 수 없을 뿐 아니라 회개도 불가능하다는 식이었다. 칼뱅을 위시한 종교개혁자들이 자살행위를 가차 없이 비난하는 이유였다.

다만 자살한 사람이 구원을 받는가의 문제에 있어서는 마틴 루터(M. Luther)가 비교적 틈을 마련한 것으로 이해할 수 있다. 루터는 "자살한 자도 구원을 잃지 않는다"는 말을 함부로 가르쳐서는 안 된다고 강조했다. 이는 루터가 "자살한 기독교인들은 구원받지 못한다"는 말을 성령훼방죄와 직접적 관련이 없다고 본 것이다. 그렇게 하면 사탄이 이 가르침을 이용해 더 많은 교인들을 자살로 유도할 수 있다는 이유에서다.

이 시대 자살에 대한 분위기는 비단 독일어권에만 있었던 것은 아니었는데, 특히 신앙이 돈독한 청교도들이 그랬다. 당시 영국 개신교도들은 자살의 도덕성에 관심이 많았는데, 이러한 관점은 17세기 후반까지 유럽에 널리 퍼져 있었다. 심지어 존 로크(John Locke)와 같은 자유주의 사상가도 하나님이 우리에게 타고난 개인의 자유를 줬지만 그 자유에는 자기 자신을 파괴할 자유를 주시지 않았다고 주장하며 아퀴나스의 의견에 동조했다.

이런 분위기는 종교개혁자들이 자살에 대해 관심을 크게 갖고 토론하거나 역설한 것은 아님을 볼 수 있다. 실제로 종교개혁자들은 생명의 중요성을 역설하고 종교개혁에 나서느라 자살에 대해 그다지 강조하지는 않았지만, 생명 중시 차원에서 자살을 허용하지 않고 있음이 여러 곳에서 발견된다. 이런 가운데서도 종교개혁자들은 "자살하면 지옥 간다"는 가톨릭의 견해와 달리 부분적이기는 해도 하나님이 자살을 긍휼히 여기고 회개를 허용할 수 있다는 가능성을 열고 있었다는 점이 특이하다.

4) 자살의 예외적인 경우

종교개혁 시대에는 물론 교회의 입장과는 전혀 다른 입장도 있었다. 16세기의 믿음과는 거리를 둔 철학이 부활했고, 과학과 문학이 재개하자 자기변호를 하는 데까지 나아간 몇몇 작가들이 자살을 정당화하고 교회에 저항하려는 태도를 표방했다. 자살을 옹호하려는 반응이 출발한 것도 바로 이 시기부터다. 로마법 연구, 고대 문화의 찬양, 모방 및 재현 욕구가 이런 반응을 양산했다. 이런 사실은 자살이 다시 빈번하게 일어났음을 추론하게 한다. 메디치 공작에 의해 독살된 필립 스트라치와 같은 당대 명사들도 자살을 선호했다는 사실이 이를 방증한다.

자살은 종교개혁자들에 의해 일관성 있게 거부됐으나, 루터나 퍼킨스 등은 자살이 구원받을 수 없는 성령훼방죄에 해당한다는 견해에 대해서는 반대 입장을 견지했다고 했다. 아메시우스(1576~1633)는 자살을 극히 심각한 죄로 규정한 후 정의의 명령에 따라 자살하는 경우, 예컨대 국가기관이 형벌로서 자살을 명령하거나 신앙을 지키기 위해 목숨을 버리는 경우, 다른 사람들에게 크게 유익을 주는 경우에는 자살이 정당화된다고 봤다. 이처럼 자살이 정당화되는 경우는 악을 행하는 것이 아니라 악에 의해 고통받는 경우로 간주됐다. 삼손의 행동은 이런 관점에서 정당화됐다. 또 해전을 벌일 때 적에게 타격을 주기 위해 배에 불을 질러 적함에 돌진하는 행위는 죽음이 직접적인 목적이 아니라는 의미에서 정당화될 수 있다고 봤다. 그러나 하나님의 특별한 섭리에 의해 이뤄진 삼손의 행동을 일반화된 모범으로 제시할 수 없으며, 적에게 상해를 입힌다는 목적을 위해 생명을 희생시키는 것은 정당하지 못하다는 견해도 있었다.

종교개혁 시대는 우리 생각과는 달리 완전히 신앙적으로만 채색될 수 없는 측면이 있다. 인문주의의 발흥과 신앙의 중심이 어느 정도 혼재하던 시기였기 때문이다. 개혁 사상가들에게는 신앙이 중요시됐지만 다른 사람들에게는 인문주의, 즉 휴머니즘이 더 중요했다. 이는 중세 가톨릭 신학의 반대만이 아닌, 독일과 스위스에서 일어난 민족주의와 도시 사회의 등장, 일반 기독교인들의 신학적 각성과 새로운 경건주의의 수용, 그리고 당시 유럽인들의 신앙관에 결정적인 영향을 준 개인주의 사고와 내면적 진리의 추구 등이 복합적으로 작용했기 때문이다.

이러한 가운데서도, 루터에게 믿음이란 "어떤 사실에 대한 정보나 지식, 확실성보다는 인간이 감히 범접할 수 없는 신의 절대적 선(善)에 기쁨으로 굴복해 의지하는 것"이었다. 그것은 후에 루터는 신앙을 강조하고 칼뱅은 『기독교강요』 등으로 신학이 체계화된 결과를 산출하게 됐다. 이런 시대적 상황에서 자살은 신의 절대 권위를 거스르는 것으로 이해됐고 용납될 수 없었다.[7]

르네상스(Renaissance)는 일반적으로 중세에서 근세로 이르는 과도기라고 한다. 이 르네상스는 인본주의(人本主義)로 상징되지만, 본래는 재생이나 부활을 의미하는 데서 이름이 붙여졌다. 무엇의 부활이고 재생인가에 대해서는 다양한 관점이 있지만 대개는 자유로운 자연적 인간의 발전과 그리스 · 로마 시대 고전적 문화의 부흥을 의미한다. 그중에서도 중세의 강력한 신 중심 권위로부터 속박된 인간성을 회복, 자연적 인간으로 돌아가려는 것이 특징이다. 인간이 신의 권위에 의해 상실했던 자아(自我)를 각성하고 자기를 발견했다는 것을 중요시했다. 이것이 르네상스를 인본주의 또는 휴머니즘과 같은 뜻으로 부르는 이유다. 이 시기 자살에 대한 시각을 그 특징에 따라 다음의 세 가지 관점으로 기술하고자 한다.

(1) "자살하면 지옥 간다"

르네상스는 실로 오랫동안 신 중심이라는 중세의 그림자 속에 파묻혀 있던 인간의 이성이 자유롭게 날개를 달고 학술, 문예, 미술 등의 분야에서 새로운 자아에 눈뜬 시기다. 신의 권위에 억압돼 발휘되지 못하던 인간성이 일정한 한계를 넘어 자연스러운 인간성으로 점차 발전되기 시작한 것이다. 그러다 문예나 미술뿐 아니라 지리상의 발견, 천문학 등 여러 자연과학적 발견, 자연철학, 그리고 이성을 통한 학문의 발전 등이 활발하게 이루어지게 된 것이다.

그럼에도 신 중심의 권위를 말끔히 벗어나지는 못했다. 영국에서는 10세기 말 에드가 왕이 자살한 사람을 절도범이나 다른 범죄자들

---

7) 한일장신대학, 김충렬 박사 논평

과 동일하게 취급했고, 자살한 사람의 시체를 나무막대기에 묶어 거리에 세웠다. 이는 르네상스가 아직도 중세 신학의 영향권과 그 분위기에 지배되고 있는 과도기적 특성 때문에 신 중심의 신학적 권위나 영향력이 그다지 감소되지 않았다고 볼 수 있다.

단테(Dante Alighienter)의 『신곡』에서 이것이 더 확고해지고 있음이 드러난다. 그것이 바로 '자살하면 지옥 간다'는 사상이다. 『신곡(神曲, La Divina Commedia)』은 단테가 7일 동안 하나님의 세계를 여행한 문학적 상상의 기록이다. 여행자 단테는 여행안내자 베르길리우스, 베아트리체와 함께 지옥-연옥-천국으로 여행하면서 그곳에서 수백 명의 신화상 혹은 역사상의 인물들을 만나 이야기를 나누며 기독교 신앙에 바탕을 둔 죄와 벌, 기다림과 구원에 관해 철학적, 윤리적 고찰을 할 뿐만 아니라 중세의 신화과 천문하저 세계관을 광범위하게 전하고 있다.

단테는 『신곡』을 쓰면서 자살한 사람을 지하 7층인 지옥의 7번째 원(圓)에 뒀다. 사탄이 지하 9층 밑에 있으니 사탄과 가까운 곳에 둬 자살을 정죄한 것이다. 뿐만 아니라 단테는 자살한 사람은 최후의 심판 후에도 부활할 수 없다고까지 역설한 것으로 알려지고 있다. 단테가 『신곡』의 '지옥편(inferno)'에서 상상했던 지옥의 끔찍한 모습들은 훗날 프랑스 미술가 구스타프 도래(Gustave Dore)의 일러스트레이션에 잘 나타나 있다. 온통 어둡고 사악한 기운이 도는 가운데 머리와 다리가 잘려 나가 극심한 고통을 겪는 사람들, 그곳에서 자살한 사람들은 자신의 몸을 뚫고 자란 가시가 난 나뭇가지를 달고 있는 형태를 하고 있다. 이들은 스스로 육신을 포기한 몸이므로 최후의 심판 후에도 부활할 수 없다고 역설하는 단테의 사상이 엿보이는 대목일 것이다.

(2) '삶의 초탈'로서의 자살

중세는 비교적 자살을 엄격히 통제하는 분위기였다. 신체적인 특성을 주로 들었다. 인간은 단지 사용권(usus)을 가지며, 하나님은 지배권(dominium)을 갖기에 가능하지 않다는 논리였다. 그래서 자살을 교의로 성문화시키고, 자살자를 법적으로나 관습에서 신성모독으로 간주해 재산을 몰수하고 기독교적 장례를 치를 수 없게 할 정도였다.

그러나 우리는 이처럼 엄격히 자살을 금지하고 방지하는 분위기에서 숨은 측면을 읽어 내야 한다. 이렇게 교의로 성문화하면서까지 자살을 금지하는 것은 그 시대 자살자가 상당했음을 추측하게 한다. 그것은 사실이다. 당시에는 이단으로 정죄되던 도나파의 경우, 기독교적 신앙을 맹신하게 만들어 순교적 유혹을 통한 자살을 유도하기도 했다. 그들은 행동이 성화(聖化)돼 영원한 행복을 가져다주기만 한다면 방법은 중요하지 않다고 가르치면서 개인의 삶을 혐오할 정도로 기독교적 맹신을 추종하게 만들었다. 이교도들의 자살 외에도 신자들의 자살도 일어났다. 물론 각종 교회 회의를 통하여 이교도의 자살과 신자들의 자살이 현격히 감소하기는 했지만 역설적으로 종교 지도자들의 자살이 일어났던 것이다.

이 당시 신자들의 자살은 주로 수도원에서 일어나곤 했다. 당시 불신앙인들이 야기한 분노에 따른 공포, 수많은 영혼을 고통스럽게 하는 삶에의 혐오, 기독교적인 믿음으로 지상의 고통에 대한 구원을 찾기 위해 남성과 여성들이 수도원에 몰려들었다. 도나파 신도들이 기쁨과 환희로 죽음을 택한 것과는 달리, 수도원에서는 세상적 삶의 무료함에 대한 도피적 성격의 자살이 있었다.

우울, 은둔, 명상 위주의 생활, 금욕주의, 세상이 곧 끝날 것이라는 비관적 생각, 지옥과 귀신에 대한 두려움 등이 자살을 유발시키는 요인이었다. 그들은 최고의 미덕을 실천해야 하기에 세상이 주는 기쁨, 오락 등의 모든 인간적인 교류를 차단한 채 고요함 속에서만 살다 보니 우울증에 빠지거나 삶에 역겨움을 느껴 자살의 유혹을 더 받았을 것으로 추정된다.

수도승들의 자살은 죽음을 통해 자신의 영혼을 치유하려는 병리적인 측면도 있었다. 이 시기에는 수도원이 오히려 잦은 자살의 현장이 되었음을 의미하는 것이다.

(3) 자살은 개인 양심의 문제

르네상스 후기에 이르러 자살에 대한 틈이 약간 보이기 시작한다. 특히 12~13세기에는 자살이 마치 고대의 추억처럼 사회 각계각층에서 되살아난 것이다. 이 시기에는 고대 문헌들이 새롭게 발견되면서 고대 이교도들처럼 자살이 어느 정도 허용되는 편이었다. 그러다 보니 이 시기의 소설과 시에는 영웅과 미인들의 영예나 사랑이 의도된 죽음으로 끝나는 일화들이 다수 수록돼 있다. 이 시기에는 자살에 대해 문학 영역에서 미화시키는 등의 변화가 일어난 것이다. 이런 경향은 전반적인 분위기는 아니라 해도 상당히 영향력 있는 인물들이 그런 입장을 취해서 이뤄진 측면이 없지 않다.

토머스 모어(Thomas More)와 몽테뉴(Michel Eyguem de Montaigne)가 대표적이다. 토머스 모어는 『유토피아(Utopia)』에서 고통이나 치료될 수 없는 질병으로 괴로움을 당하는 사람들에게 자살을 허용하는 것처럼 표현했다. 이런 입장은 물론 작품의 특성이 풍자적이고 환상적인 경향 때문에 그 진위에 의문이 남는 것은 사실이다. 몽테뉴는 『수

상록(Essias)』에서 자살 사례와 자살을 칭송한 로마 작가들의 글을 인용한다. 그의 의도는 자살을 개인의 판단이나 양심의 문제로 생각하자는 데 있었을 것이다. 이런 분위기가 있었지만 부분적이었을 뿐이었다. 여전히 자살을 사회에서 허용하거나 인정하는 분위기는 아니었다. 다만 부분적으로 자살에 대한 정당성이 제기됐던 것으로 봐야 한다.

5) 지나친 '신앙'의 강조, 우울증으로 이어질 수 있다

르네상스 시대의 자살을 돌아보면 우리 시대의 자살과 관련하여 신앙적 관점에서 생각해야 될 점이 있다. 그것은 생명과 삶의 역설을 경계해야 한다는 점이다. 이는 자칫하면 자살로 이어질 수 있는 요인들을 의미하는 것으로, 과도한 금욕이나 세상에 대한 부정적 시각, 그리고 자기희생의 순교까지도 다시 점검할 필요가 있다는 것이다. 과도한 금욕은 수도원적인 음침함과 부적절한 금식, 고독 등을 낳고, 결국 우울증으로 이어질 수 있다. 너무 심한 절제로 정신이 혼란스러울 수 있고, 정신 기능이 약화돼 판단력과 행동력이 심각하게 약화된다. 세상을 부정하는 것은 영적인 것과 세상적인 것을 지나치게 구분하는 흑백 논리적 사고로 이어질 수도 있다. 세상적인 것을 모두 부정적으로 볼 때 세상이 주는 기쁨이나 오락 등의 인간적인 교류를 차단하게 돼 고독해지거나 고립되는 결과를 산출한다는 것이다.

이런 심리적 상태는 그대로 우울증으로 이어질 수 있다. 그리고 기독교인의 지나친 자기희생적 봉사나 순교도 다시 생각해 봐야 한다. 실제로 순교는 하늘의 축복을 받기 위한 최고의 수단으로 인식돼 있지만, 이는 종종 이단에서 오용되는 경우가 많았다. 이런 문제는 이교도들이 순교를 강요한 것으로 나타나기도 했다. 실제로 도나파의 경우 군중과 사제들을 흥분시키기 위해 이방인들이 믿는 신전을 더럽히고 그들의 축제를 무례하게 망치기도 했으며, 여행자들의 갈 길을 가로막고 그들을 죽이겠다고 위협하면서 순교할 것을 강요했다.

이런 특성들은 모두 흘러간 시대적 흐름이기에 오늘날과 동일하게 취급할 수는 없다. 그러나 기독교인들이 자살로 이어질 수 있는 요인들을 차단해야 한다는 점은 오늘에도 여전히 유효하다. '수도원 자살'에서 보듯 기독교 신앙이 세상적인 측면을 넘어 지나치게 영적인 측면을 강조해 진정한 행복, 영원한 영광은 이 세상의 삶 너머에 있다고 가르치면 무의식적으로 자살로 유도될 수 있기 때문이다. 지나간 역사에서 교훈을 얻어야 한다는 이유가 여기에 있다.[8]

12. 자료로 본 자살

최근 통계청 자료에 의하면 2009년 한 해 자살자는 14,579명이며, 월 1,200여 명, 하루 38여 명이 자살한다. OECD 30개국 중에 우리나라 자살률은 1위로 불명예스럽다. 20~30대 자살이 많다고 하지만 최근 젊은 층에서 노인층까지 자살은 증가 추세에 있다.

2008년 12,858명에 비해 2009년 14,579명과 비교해 보면 18.8% 증가하였다. 국가적 차원에서 자살예방대책이 강구되어야 한다고 자살예방협회, 관심 있는 학자들에 의해 주장되고 있으나 뚜렷한 대책이

---

8) 김충렬 박사 자살논평, 중세시대 자살

제시되지 못하고 있는 실정이다. 최근 유명연예인 최진영, 박용하가 자살로 우리 곁을 떠났다. 유명연예인 자살은 많은 사람들에게 안타까운 일이며, 특히 자살자의 가족(자살피해자＝자살유가족)에게 치명적인 영향을 주면서, 자살에 취약한 사람들에게 자살전염, 모방자살의 영향을 미친다.

자살은 전염되어 베르테르효과의 영향이 크다. 연예인 자살이 없었던 때보다 연예인 자살한 날, 월 단위 자살자를 보면 훨씬 많은 인원이 자살하는 것을 알 수 있다. 최근 자살한 연예인 박용하부터 1990년 유명가수 장덕까지 연예인 자살 발생 원인, 대책을 통해 '우리가 잘 조치했었더라면 자살을 막을 수도 있었는데'라는 아쉬움과 교훈, 예방대책을 통해 더 이상 연예인 자살이 발생하지 않았으면 한다.

그리고 자살한 연예인들을 통해 우리가 이해하고 우리 모두가 자살예방 지킴이(Gate keeper) 역할을 해야 하며, 자살예방에 우리 모두가 동참해야 할 것이다. 우리 자신부터 자살을 예방하고 이 세상 천하에 가장 소중한 하나밖에 없는 생명을 지키고, 나아가 우리 주변 사람들을 자살로부터 보호하고 지켜(식별하여 전문가 의뢰)야 할 것이다.

지금까지 연예인 자살은 안재환, 유니, 정다빈, 이은주, 최진실, 김영임, 이애정, 김민수(먼데이키즈), 김형은, 서지원, 김광석, 김성재(듀스), 장덕, 김지후, 최진영, 박용하 등이 있다. 그중에서 우리에게 많이 알려진 대표적인 연예인들의 자살일지를 보면 다음과 같다.

- 1990. 2. 4. 가수 장덕(28), 수면제 과다복용으로 사망
- 1996. 1. 1. 가수 서지원(20), 2집 발표 앞두고 자택서 유서 남긴 채 약물 과다복용으로 사망
- 1996. 1. 6. 가수 김광석(32), 서울 마포구 서교동 자택서 목매 자살

- 2005. 2. 22. 영화배우 이은주(25), 성남시 분당구 정자동 자택서 목매 자살
- 1. 21. 가수 유니(26), 새 앨범 발표 앞두고 인천시 서구 자택서 목매 자살
- 2007. 2. 10. 탤런트 정다빈(27), 서울 강남구 삼성동 남자친구 집에서 목매 자살
- 2008. 9. 8. 탤런트 안재환(36), 서울 노원구 하계동 주택가 차 안에서 유서 남긴 채 자살
- 2008. 10. 2. 탤런트 최진실(40), 서울 서초구 잠원동 자택서 목매 자살
- 2009. 3. 7. 탤런트 장자연(29), 성남시 분당구 이매동 자택서 목매 자살
- 2009. 11. 19. 세계적인 패션모델 김다울(20), 프랑스 파리 자가 자살
- 2010. 3. 29. 탤런트 최진영(39), 서울 강남구 논현동 자택서 목매 자살
- 2010. 6. 30. 탤런트·가수 박용하(33), 서울 강남구 논현동 자택서 목매 자실

최근 통계청 자료에 의하면 2009년 한 해 자살자는 14,579명이며, 월 1,200여 명, 하루 38여 명이 자살하다. OECD 30개국 중에 우리나라 자살률은 1위로 불명예스럽다. 20~30대 자살이 많다고 하지만 최근 젊은 층에서 노인층까지 자살은 증가 추세다.[9]

구분	장덕	서지원	김광석	이은주	유니	정다빈	안재환	최진실	장자연	김다울	최진영	박용하
나이	28	20	32	25	26	27	36	40	27	20	39	33
결혼여부	미혼	미혼	결혼	미혼	미혼	미혼	결혼	이혼	미혼	미혼	미혼	미혼
정신병리	우울증(추정)	우울증(추정)	-	우울증	우울증(추정)	우울증(추정)	-	우울증	우울증	-	우울증	우울증(추정)
자살방법	약물(신경안정제과다복용)	약물(신경안정제과다복용)	목맴	목맴	목맴	목맴	연탄	목맴	목맴	목맴	목맴	목맴

---

9) 정택수, 자살예방 전문 상담사 논평글

최근 트위터, 인터넷 커뮤니티 등을 보면 "죽고 싶다"는 글이 심심찮게 올라온다. 대학 게시판에 '유서'를 남기고 목숨을 끊으려던 한 명문대 졸업생이 아이디(ID)를 추적한 같은 학교 후배의 만류로 마음을 돌린 경우도 있었다. 이들이 이렇게 가족이나 지인은 물론 불특정 다수에게까지 '자살 예고' 메시지를 남기는 이유는 무엇일까?

신경정신과 · 심리학 전문가들이 분석한 '자살 예고'의 유형

구분	내용	사례
목적형	원하는 바 이루기 위한 최후의 수단으로 이용	모친 간 기증자 찾기 위해 한강다리 위에서 자살 소동
감정표출형	분노, 원망, 슬픔 등의 감정 전달. 다툼이나 갈등 해소 간접적 희망	부부 싸움이나 부모 꾸지람 뒤 홧김에 시도
절규형	도와달라는 메시지 전달. 가장 흔한 경우	실연 상처 뒤 병원 게시판 등에 '죽겠다' 글 올린 경우
정리형	주변과 지인에 대한 마지막 심경 정리 및 기록	트위터 등에 '자살하러 간다, 인연 있었던 모든 분 사랑한다' 글 남긴 음악 DJ 사례

23일 서울신문이 서울시자살예방센터의 상담 건수 등 관련 자료를 토대로 전문가(신경정신과 · 심리학과 교수)들과 분석한 결과에 따르면 정신분석학 관점에서 본 '자살 예고'의 심리는 크게 네 가지다. 바로 ▲ 목적형, ▲ 감정표출형, ▲ 절규형, ▲ 정리형이 그것이다.

목적형에 해당하는 사람들은 원하는 바를 이루기 위한 최후의 수단으로 자살 의지를 드러낸다고 전문가들은 설명한다. 지난달 위독한 어머니의 간 기증자를 찾기 위해 한강다리에서 자살 소동을 벌인 경우가 이에 해당한다는 것이다. 이홍식 연세대학교 세브란스병원 정신과 교수는 "궁지에 몰린 절박한 상태에서 나오는 극단적인 선택인 만큼 실행으로 이어지기 쉬운 가장 위험한 유형"이라고 분석했다.

감정표출형은 말 그대로 분노, 슬픔 등의 감정을 죽음이라는 매개를 통해 드러내는 것이다. 권준수 서울대병원 신경정신과 교수는 "경북에서 부부싸움 뒤 홧김에 투신하겠다고 한 사례 등이 대표적"이라면서 "갈등 해결을 바라는 심리가 내면에 깔려 있다"고 풀이했다.

절규형은 가장 흔한 경우로 분류된다. 하지현 건국대학교병원 신경정신과 교수는 "나의 힘든 상황을 누군가가 알아주길 바라는 마음에서 글을 올리는 것"이라면서 "실시간으로 반응을 확인할 수 있기 때문에 젊은 층들이 인터넷이나 트위터를 이용한다"고 설명했다.

정리형은 주변과 지인에 대한 심경을 정리하려는 뜻에서 글을 남기는 것이다. 결심에 대한 일종의 재확인이자 기록인 셈이다.

문제는 자살예고가 실제 자살로 이어질 가능성이 높다는 점이다. 서울시자살예방센터의 온라인 상담 현황에 따르면 상담 건수가 2006년 618건에서 2008년 1,157건으로 2배가량 급증한 데 이어 인구 10만 명당 자살 사망자 수도 2006년 21.5명에서 2008년 24.3명(보건복지부 기준)으로 점차적으로 늘어나고 있다. 2010년 현재 상당한 숫자로 늘어났다.

전문가들은 "실제 자살하는 사람들이 유서 등 메시지를 남기는 경우는 20%도 안 된다는 연구 결과가 있을 만큼 최후에는 정신적 에너지마저 탈진 상태가 된다"면서 "자살의지를 드러내는 것은 자살로 이어지는 심리적 단계에 속하기 때문에 주위에서 도움의 손길을 내미는 것이 중요하다"고 말했다. 또 "정부도 자살사이트 폐쇄 강화나 상담센터 확충 등 대안을 마련해야 한다"고 덧붙였다.10) 이처럼 자살은

---

10) 2010년 8월 24일 서울신문 기사. 백민경, 윤샘이나 기자 기사.

매년 늘어 가고 있고, 자살에 대한 자기표현도 과학이 발달하면서 진화하고 있는 실정이다.

트위터와 페이스북, 소셜 네트워크로 진화하면서 자살을 알리기도 하고, 자살자를 모으기도 한다. 자살은 합리적이거나 긍정적이지 않지만 사회변화에 적응하고 있는 실정이다.

이시형 박사는 자살의 원인은 크게 네 가지로 나눈다.

첫째, 자살을 함으로써 보다 나은 생으로 이행할 수 있다는 그릇된 믿음에서 출발한다. 이것은 대개 사이비 종교의 집단자살에서 흔히 볼 수 있다. 이 험한 세상에서 바둥거리며 사느니 죽어서 편안한 곳으로 가겠다는 생각이다.

둘째, 늙어 간다는 것과 사랑하는 사람과의 사별 아픔, 혹은 자기자신 질병의 고통으로부터 해방되기 위해서 자살하는 사람도 많다.

셋째, 자기가 자살함으로써 자기가 평소에 미워하는 사람에게 앙갚음을 하기 위한 경우이다. 이것은 그 미워하는 사람에게 자기의 자살을 통해 죄책감을 갖게 해서 결국은 그 사람도 죽이고 나도 죽겠다는 아주 무서운 동기에서 출발하는 경우인 것이다.

정신과에서 흔히 위험하게 되는 자살은 정신병적인 망상이나 혹은 환각 등에 의해서 자살하게 되는 경우도 가끔 경험할 수 있다.

물론 이외에도 자살하게 되는 원인은 많다. 가령 충동 자제력이 약한 사람이거나 혹은 자살의 암시성이 높은 사람이거나 또 가족 내에 자살한 사람과의 동일시에 의해 자기도 함께 따라 죽는 경우도 있다.

그러나 뭐니뭐니해도 자살의 가장 큰 원인은 환자들이 겪게 되는 심각한 상실감에서 출발한다. 가령 건강을 잃는다든가, 사랑을 잃는다든가, 큰 사업에 실패를 했다든가 혹은 권력이나 직업 혹은 심한 자존심의 손상이나 명예, 성공에 실패하고 좌절했을 경우, 이럴 경우에는 자살할 가능성이 많은 것은 사실이다.

13. 심리학적인 측면에서 자살심리와 원인

심리학적인 측면에서 자살심리와 원인을 살펴보면 다음과 같다.

프로이트는 『애도아 우울증』과 『쾌락의 원칙을 넘어서』에서 자살심리와 원인에 대해 중요한 기초이론을 제시하였다. 첫째로, 『애도와 우울증』에서는 인간의 대상부착(object—cathexis)과 대상관계(object—relation)가 자살충동과 밀접한 연관이 있음을 밝혔다. 이 이론은 후에 아동정신분석학자인 멜라니 클라인과 대상관계 심리학자들에 의해 발전하게 된다. 둘째로, 프로이트는 『쾌락의 원칙을 넘어서』에서 인간이 가지고 있는 자기 파괴적 죽음의 본능이 자살의 주범이라고 말하였다. 이 이론은 칼 메닝거가 발전시킨다.

1) 대상부착과 대상상실

프로이트는 그의 마지막 논문 『정신분석학 개요』에서 대상이란 "성적 혹은 공격적 에너지가 부착된 심리적 표상"이라고 정의했다. 이 개념은 성 발달을 염두에 두고 있다. 인간이 경험하는 첫 번째 성적 대상은 어머니의 젖가슴이다. 젖을 빠는 아이는 처음에 자신과 어머니의 젖가슴을 구분하지 못하다가 어머니의 젖이 자신의 입에서 떨어지는 것을 느끼면서 외부 세계를 지각한다. 다시 말하면 아이는 처음에 자신의 성적에너지(리비도)와 대상(어머니)이 분리되어 있지 않아 일종의 자기애적 상태에 머무르게 된다. 이 자기애적 리비도는 아이가 대상(어머니)에 대한 이미지를 상상할 수 있게 되면서 대상리비도로 전환된다. 이때부터 아이의 대상에 대한 인식은 점점 구체화되어 간다. 즉, 아이는 대상(어머니)이 자신을 배불리 먹여 줄 뿐 아니라 다양한 물리적 감각을 느끼게 해 주는 등 쾌락적 역할을 한다는 것을 알게 된다. 그러나 아이는 이 대상이 자신이 원할 때 즉시 나타나지 않는다는 것을 알고 불쾌해하면 분노를 느끼게 된다. 이렇게 복합적인 감정 에너지가 대상과 접합되는 것을 대상부착이라고 한다. 그리고 이 대상과 자아와의 관계를 대상관계라고 하며, 이것의 상실을 대상상식이라고 부른다.

2) 프로이트는 우울증과 연관

프로이트는 자살을 우울증과 연관시켰다. 그는 대부분의 자살자들이 우울증적인 정서 상태를 지니고 있다고 보았다. 우울증 환자에게서 발견되는 무의식적 대상상실에 대한 프로이트의 이론은 다음과 같다. 우선 사람들은 자신이 사랑하는 대상에 리비도를 부착시킨다. 그러나 이 대상을 죽음이나 거부 등으로 상실하게 되면 대상과의 관계(대상관계)는 심한 손상을 입게 된다. 이때 대상에 부착되었던 리비도는 상실된 대상을 대체할 새로운 대상을 찾는다. 이 대상은 주위의 친한 사람들이 될 수도 있고, 새로운 연인이 될 수도 있다. 만일 이것이 실패할 경우 대상은 정신적 표상으로 남게 된다. 문제는 자아가 현실세계에 존재하지 않는 표상과 동일시해 버린다는 점이다. 즉 대상이 존재하지 않는 것을 마치 자신이 존재하지 않는 것처럼 여기게 된다. 예를 들어 어떤 사람들은 자신의 심리적 상태를 유지하는 데에, 대상 즉 어머니나 혹은 애인 혹은 이데올로기에 과도한 집착을 하는 경우가 있다. 그러다가 이들이 집착하고 있던 대상을 상실했을 때에는 마치 자신의 전부를 잃은 것과 같은 느낌을 갖게 된다. 프로이트는 이러한 상태, 즉 대상에게 과도하게 집착하여 자아를 동일시하는 상태를 '자애적 대상선택(narcissistic object-choice)'이라고 불렀다.

1917년 프로이트는 "사랑하는 대상의 상실로 인해 생기는 견딜 수 없는 고통과 분노로 말미암아 사랑하는 대상을 계속 유지하고자 그와 동일시하게 되고, 동일시 결과 자신의 일부로 내재화된 사랑하는 대상에 대한 강렬한 공격성이 결국 자살을 이끌게 된다."

애정의 결핍과 그 사랑하는 사람에 대한 공격으로서의 자기 파괴 충동, 즉 내부로 향해진 분노가 자살이라는 가설을 제시한 것이다.

3년 후 프로이트는 '죽음의 본능'이라는 개념을 발표하였다. 인간에겐 세상에 첫발을 내디디면서부터 분열과 파괴의 경향성이 작용하는데, 이 죽음의 본능은 성 충동과 함께 인간의 여러 행위에 상호 작용한다는 것이다. 즉, 성 충동으로서의 애정과 죽음의 본능으로서의 증오가 상호 작용하면서 때로는 자살이라는 결과를 만들어 낼 수 있다는 가정이 가능한 것이다.

1966년 미국의 정신과 의사인 Manninger는 『자신을 배반하는 인간(Man against Himself)』이라는 저서를 통해 인간의 행동 중 건강과 생명에 해로운 모든 종류의 행동은 '자살을 향한 죽음의 본능'이라 하고, 자살은 이러한 본능의 극단적인 증후라고 해석하였다. 인간이 자살이라는 행위를 결과로 산출하는 데는 3가지 동기가 관여되며, 이 3가지 동기는 죽이고자 하는 소망(공격성, 비난, 규탄, 제거, 파멸, 복수 등), 죽임을 당하고 싶은 소망(복종, 피가학성, 자기 비난, 자기 규탄 등), 그리고 죽고 싶은 소망(절망, 공포, 피곤, 낙망, 고통 등)이라는 메닝거의 설명은 인간에겐 '죽음이라는 내재된 본능'이 있다는 것이다.

알기 쉽게 간단히 요약하여 표현하면 다음과 같다. 자살에 대한 확실한 정의는 없지만 일반적으로 '스스로 가하는 죽음'이라고 볼 수 있다. 자살은 무작위적이거나 목적이 없는 행동이 아니라 강렬한 고통을 초래하는 문제 혹은 위기로부터 탈출하고자 하는 방법이다. Suicide: Sui(自己, 自身)＋Caedo(죽인다)라는 언어이다.

Durkheim(1987)은 자살에 대해 "그의 행위가 어떠한 결과를 낳으리라는 것을 알면서 희생자 자신이 행하는 긍정적 또는 부정적 행위로부터 직접적 또는 간접적으로 초래되는 죽음"이라고 표현했다.

Edwin Shneidman "Conscious act of self−induced annihilation, best understood as a multidemensional malaise, in a needful individual who defined an issue for which the act is perceived as the best solution."

자살의 단계를 살펴보면 다음과 같다.
① 아급성 단계: 빈번한 자살위협(제스처) → 치명도 낮음(예: 자살시도)
② 급성 단계: 완전한 자살(직접적인 행위) → 매우 치명적(예: 음독, 총기 사용)
③ 만성 단계: 당뇨병, 고혈압 등의 질환에 대한 의학적 진료를 거부(예: 비만, 알코올중독, 흡연, 약물 남용)

14. 자살의 역학

1) 발생률과 유병률

— 미국의 자살률은 12.5%로 10만 명에 달하며, 자살은 미국에서 8
번째 사망 원인이다. 미국의 자살률은 비교적 일정하며 선진국
들 중 중간 수준이다.

— 자살기도는 자살 성공(3만 명/년)의 8~10배 많다. 즉, 자살기도
의 10%만 자살에 성공한다. 자살기도 후 2년 이내, 특히 3개월
이내가 자살 위험이 가장 높다.

— 핵가족, 도시(인구밀집지역), 봄, 월·화요일, 음독자살이 많다.

— 진단: 전체적으로는 기분장애(우울증, 조울증 등)가 가장 많고,
정신병원 입원환자에서는 정신분열증이 가장 많다.

— 세계에서 가장 자살이 많이 일어나는 장소: San Francisco의 Golden
Gate Bridge

— 자살은 인간의 10대 사망 원인 중의 하나이며, 한국의 경우 9번
째 사망 원인이다. 또한 한국의 자살률은 세계 2위이다.

2) 관련 인자

(1) 성별
① 자살기도: 여자가 4배 정도 많다.
② 자살 성공: 남자가 3배 정도 많다.

(2) 자살 방법

① 남자: 총기, 목매달기, 투신(남자의 자살 성공률이 높은 이유가 바로 방법 때문이다)

② 여자: 향정신성약물 과다복용, 음독

(3) 연령

─ 연령에 따라 자살률이 증가한다.

① 남자: 45세에서 최고, 여자: 55세 이후 최고

② 65세 이상의 자살

자살률은 10만 명 당 40 명(75세 이상의 자살률은 그 이하 연령의 자살률의 3배)으로 자살기도는 젊은 연령에 비해 낮지만 성공률이 높다. 인구는 전체의 10% 정도이나 전체 자살 인구의 25%를 차지한다 (65세 이상).

─ 청년층의 자살률이 급격히 증가하고 있다.

① 남자: 15~24세 사이의 자살률이 1970~1980년 사이에 40% 증가

② 여자: 25~34세 사이의 자살률이 1970~1980년 사이에 30% 증가

사고사, 타살에 이어 자살이 15~24세 사이의 사망 원인 중의 3위를 차지하고 있다.

─ 남자의 자살은 2개의 봉우리(15~25세, 60세 이후)를 갖는다. 남자는 노년기에 자살률이 증가하는 반면, 여자는 감소한다.

(4) 인종

― 백인이 유색인종보다 자살률이 2배 높다.

― 이민자가 본토인보다 자살률이 높다.

(5) 종교

천주교가 개신교나 유대교보다 자살률이 낮다.

(6) 결혼 상태

결혼하고 자식까지 있는 경우는 자살률이 낮다. 미혼의 독신은 기혼자보다 자살률이 2배 높다. 이혼한 독신은 미혼의 독신보다 자살률이 훨씬 높다.

자살의 가족력이 있고 사회적으로 고립된 사람들에서 자살률이 높다.

※ 기일 자살―이전에 가족이 죽었던 날에 자살

(7) 직업

― 사회경제적 수준이 높을수록 자살률이 높다. 그러나 사회경제적 수준이 아주 낮아져도 자살률은 증가한다. 일(직업)이 자살을 예방하는 효과가 있는 것으로 생각된다.

― 실직자 > 취직자

― 자살은 의사, 음악가, 치과의사, 수사관, 법조인, 보험대리인 등 전문직에 많다. 의사의 자살률이 특히 높은 것으로 알려져 왔다.

― 최근 연구에 의하면 남자의 경우, 미국은 일반 인구와 큰 차이가 없지만 영국이나 스칸디나비아의 경우는 일반 인구의 2~3배이

다. 여자의 경우는 자살률이 41/10만 명으로(25세 이상) 일반 인구의 3배이다.
— 2대 정신과 질환: 우울장애, 약물의존(과거 3대 질환이라고 했을 때는 알코올중독 포함)
— 정신과의사 > 안과의사 > 마취과의사(최근에는 평준화되는 경향)
— 전쟁 시에도 자살은 감소한다.

(8) 기후
계절적인 관련은 없고, 단지 봄과 가을에 약간 증가하는 경향이 있다.

(9) 육체적인 건강
자살과 밀접한 관련이 있다.
— 과거의 신체질환 진료가 자살 위험성과 상관관계를 보인다(위험 징후).
— 거동 제한, 외모 손상, 만성의 난치성 통증, 질환으로 인한 이차적 영향(대인관계 단절, 실직 등), 약물 부작용 등이 자살에 기여하는 주요 인자들이다.
— 우울증을 유발하는 약물(자살 유도 가능): 스테로이드제, 고혈압 치료제, 항암제 등
— 자살과 관련된 신체질환 사례
① 암: (여성) 유방암, 생식기암
② 7대 중추신경계 질환: 간질, 다발성 경화증, 두뇌 손상, 심혈관계 질환, 헌팅턴씨 병, 치매, 에이즈(AIDS) 모두 기분장애와 연관될 수 있다.

③ 3대 내분비성 질환: 쿠싱씨병(Cushing's ds), 클라인펠터 증후군 (Klinefelter's syndrom), Porphyria 모두 기분장애와 연관될 수 있다.

④ 2대 위장관 질환: 소화성 궤양, 간경화

⑤ 2대 생식비뇨기 질환: 전립선 비대증, 신장투석을 받는 신장질환

(10) 정신건강

— 자살기도하는 이의 95%가 정신 질환으로 진단될 수 있다.

— 우울증(80%) > 정신분열증(10%) > 치매, 섬망(5%): 정신과 환자들 가운데 25%는 알코올 의존 → 이중 진단

— 연령에 따라 자살자의 정신과 진단의 차이

① 30세 이하: 물질 남용, 반사회성 인격장애가 가장 많다.

② 30세 이상: 기분장애, 인지장애가 가장 많다.

(11) 정신과 환자(Psychiatric Patient)

정신과 환자들의 경우, 일반 인구에 비해 입원 환자는 5~10배, 외래 환자는 3~4배 정도 자살위험이 높다(전체적으로는 비환자의 3~12배). 일반 인구에서는 중장년에서 자살이 많은 반면, 정신과 환자는 젊은 층에 많다.

입원 환자의 경우는, 입원 첫 1주간이 자살위험이 가장 높으며, 치료진, 특히 전공의가 바뀌는 시기에 자살이 많다. 외래 환자의 경우는 퇴원 후 첫 3개월간이 자살위험이 매우 높다.

— 자살위험이 높은 두 종류의 환자군

① 우울증, 정신분열증, 물질남용 환자들

② 반복적으로 정신과 응급실을 찾는 환자들(특히 공황장애 환자)

— 우울증

① 자살률이 가장 높은 질환(15%): 특히 망상성 우울증

② 독신, 남자, 중장년, 사회적으로 고립된 경우에 많다.

③ 보통 우울증 삽화의 시작과 끝에 많다.

④ 퇴원 후 수개월 이내에 자살 위험이 가장 높다(1/3이 6개월 이내 시도).

⑤ 전체 질병경과로 볼 때는 후기보다는 초기에 많다.

— 정신분열증

① 역시 자살률이 높은 질환(10%가 자살로 사망)

② 발병 후 수년 내에 자살 위험이 높으며, 우울증에 비해 자살 연령이 젊다.

③ Risk Factor: 젊은 연령, 남자, 독신, 이전의 자살기도력, 우울증상, 최근 퇴원자의 50%는 퇴원 수주, 수개월 이내

④ 우울상태, 회복상태 > 환각이 심한 급성기: 환청이나 피해망상 때문인 경우는 소수에 불과

— 알코올 의존

① 15%가 자살, 이 중 80%가 남자

② 중년, 독신, 사회적 고립, 계속적인 음주가 위험 요소

③ 자살기도한 알코올중독 환자들 중 2/3가 우울증 증상
(알코올 의존 → 대인관계 상실, 고통스러운 생활사건 증가 →

기분장애 → 자살)

④ 남자 알코올중독 중 상당수가 반사회성 인격장애이며, 이들의
경우는 자살 위험이 높다.

(12) 이전의 자살 병력이 있는 경우
― 자살위험이 높은 환자임을 의미하는 가장 좋은 징후
― 첫 시도 후 3개월 이내가 다음 자살 시도의 위험성이 가장 높은
시기이다.

(13) 자살과 관련된 흔한 스트레스 인자
― 30세 미만: 별거, 거절당함, 실직, 법적인 문제
― 30세 이상: 질환

15. 자살의 원인

1) 사회학적 요인

Emile Durkheim의 3대 사회적 범주

(1) 이기적 자살(Egoistic Suicide)
① 사회집단에 강력하게 융화(통합)되지 않는 사람들의 자살. 사회
적 유대가 끊겨 사회적으로 격리되고 지지를 잃음으로써 고립
감, 소외감에 빠진다.

② 가족융화 결핍, 미혼, 도시, 개신교에 자살이 많은 이유를 설명할 수 있다.

③ 정신분열증, 분열성 성격, 경계선 상태, 우울증 등의 자살이 여기에 해당한다.

(2) 이타적 자살(Altruistic Suicide)

① 사회집단과 지나치게 융화되어 사회를 위해 자살하는 경우(의무감으로 자신을 희생시킴)

② 전쟁터의 육탄돌격대, 일본 가미가제, 할복

(3) 무통제적 자살(Anomic Suicide)

① 사회에 적응 혹은 융화되는 것이 차단되거나 와해됨으로써 행동의 일상적인 기준을 상실한 경우(또는 개인적 요구와 사회 집단적 양심이 일치되지 않는 경우에 나타나는 자살)

② 가난한 사람이 벼락부자가 된 경우의 자살, 경제공황 때문에 직장에서 해고당한 이후의 자살

― 최근 청소년 자살이 급격하게 증가하는 이유

① 청소년 인구의 폭주

② 직업과 교육에서 경쟁이 증가됨으로써 좌절과 실패를 많이 경험

③ 청소년기의 기간이 길어짐(12~20세)

2) 심리학적 요인

— 자살에 대한 주된 정신분석학적 이론: 사랑하는 사람에 대한 좌절과 실망이 내재화되어 공격성이 자신으로 향한다.

— 현대의 자살이론가들은 특정한 정신역동적 혹은 성격적 구조가 자살과 연관되어 있다는 식으로 주장하지는 않지만, 자살하는 이들의 환상을 관찰함으로써 자살의 정신역동과 결과를 어느 정도 제시할 수 있다고 본다. 환상의 내용들은 다음과 같다.

① 복수, 힘, 통제, 처벌에 대한 소망

② 속죄, 희생, 배상에 대한 소망

③ 도피, 수면에 대한 소망

④ 구조, 재탄생, 죽은 자와 재결합, 새 생명에 대한 소망

이와 같은 환상을 자살로 실행하는 이들은 사랑하는 대상의 상실, 자기애적 상처, 분노나 죄책감과 같은 감정에 압도당함, 자살 희생자와의 동일시 등으로 고통받는 사람들이다.

집단 역동이 집단자살을 유발할 수 있다(예: 사이비종교의 집단자살).

— 우울증

① 자살기도는 우울을 감소시킨다. 특히 환자가 처벌받고자 하는 욕구가 있는 경우 더욱 그렇다.

② 많은 자살기도자들이 견딜 수 없는 우울이나 절망감과 싸우는 방편으로 자살에 집착한다.

— 자살의 정신 역동적 유형

자살 심리: 보복, 조종, 재결합, 재탄생, 악의 제거, 절망감으로부터 도피

① 역습적 유기(逆襲的 遺棄, retaliative)로서의 자살
실연당한 경우 자살을 통해 상대방을 실연시키고자 하는 심정. 일찍 어머니가 죽은 사람들이 많다(어머니가 자신을 유기한 것에 대한 분노와 복수심이 억압되어 있다가 비슷한 상황에서 폭발).

② 반전 살인(反轉 殺人, retroflexed)으로서의 자살
과거에 사랑하였으나 현재는 증오하게 된 사람을 무의식적으로 동일시하여, 자살함으로써 상대방을 죽이게 되는 것이다.

③ 재결합(再結合, reunion)을 기약하는 자살
현실적 좌절과 불행에 지쳐 먼저 죽은 가족과 저세상에서 만나 행복하게 살자는 환상에 사로잡혀 감행하는 자살이다.

④ 재생(再生, rebirth)을 기약하는 자살
인생의 모든 의미를 상실하였다고 느끼는 사람들이 영적 재생(spiritual rebirth)을 바라는 무의식적 소망 때문에 자살

⑤ 자기 응징(自己膺懲)으로서의 자살
인생 중대사를 성취하지 못했다는 자책감 때문에 자신을 벌하는 의미로 자살. 우울증이나 편집적 경향을 보인다.

⑥ 자기를 이미 죽은 것으로 여기는 데서 오는 자살

감정적으로 이미 자기는 죽었다고 보는 이들의 자살. 이들에게 자살은 고통으로부터의 해방이며, 기정화된 사실을 실천에 옮기는 것에 불과하다.

3) 생리학적 요인

(1) 유전

① 가족적으로 출현하는 경향을 보인다. 자살기도자이 경우 대조군보다 자살의 가족력이 있는 경우가 많다. 정신과 환자의 1차 친척들의 자살이 정상인의 친척 자살보다 8배 많다. 자살을 시도한 정신과환자의 1차 친척의 자살이 자살 안 한 환자의 친척보다 4배 많다.

② 일란성 쌍생아(9/51) > 이란성 쌍생아(0/51)

③ 양극성 장애, 정신분열증, 알코올 의존의 유전적 전달이 자살의 주요 유전 요인일 수도 있다.

④ 그러나 자살의 유전성이 ③의 질환들 유전과는 무관하거나, 적어도 부가적일 가능성이 있다. 충동성(impulsivity)의 유전과 연관된 것일 수도 있다.

⑤ 청소년의 경우는 가족 중 자살한 사람이 있는 경우, 자신의 심리적인 고통을 해결하는 모델이 될 수 있다.

(2) Neurochemistry

① Serotonine Deficiency

② Peripheral Markers for Suicide: Cortisol, TRH, 5-HIAA 등에 관계된 여러 가지 소견들이 있지만 특이한 것은 없다.

16. 자해(Self-Injury)

1) 절단(Cutting)

— 입원 환자의 4%: 남(3배) > 여, 20대, 주정중독, 약물남용
— 정신과 환자가 일반 인구에 비해 50배: 특히 정신과 의사에게 오게 되는 경우는 만성적인 환자가 많다.
— 대부분은 섬세하게 자름(not coarsely): 주로 면도칼, 칼, 깨진 유리 혹은 거울을 이용하며, 손목, 팔, 다리를 자른다. 얼굴, 가슴, 배를 자르는 경우는 드물다.
— 대부분은 통증을 느끼지 않는다. 자신이나 타인에 대한 분노, 긴장의 해소, 죽고 싶은 욕구 등이 그 이유로 제시되고 있다.
— 대부분은 성격장애이며, 상당히 내향적·신경증적·적대적이다.
— 대부분이 자살을 시도한다.

2) 자살에 대한 질문

반드시 자살에 대해 구체적·직접적으로 물어보아야 한다.
① 과거에 자살에 대해 생각한 적 있나?
② 자살기도를 한 적 있나?
③ 현재 자살에 대해 생각하고 있나?

④ 현재 자살하려는 계획을 가지고 있나?

⑤ 만약 자살 계획이 있다면 어떤 것인가?

3) 자살기도 미수자의 재기도 위험도

① 생명이 구제된 뒤에도 계속 죽겠다고 외치는 경우

② 정신병 상태에서 자살기도

③ 심한 우울증

④ 과거에 자살을 기도한 사람

⑤ 정신병의 과거력

⑥ 유서를 써 놓은 경우

⑦ 처참한 방법을 쓴 자살기도

⑧ 만성질환을 앓고 있는 경우

⑨ 최근 대수술을 받거나 해산한 경우

⑩ 최근에 그 어떤 상실을 경험한 경우

⑪ 알코올중독

⑫ 약물 의존 환자

⑬ 심한 건강 염려증

⑭ 40세 이상의 남자

⑮ 동성애자

⑯ 경한 우울증

⑰ 사회적 소외

⑱ 만성적으로 적응 곤란한 성격장애자

⑲ 파산

⑳ 이번의 자살기도로 얻는 부차적 이득이 아무것도 없게 뵈는 경우
(①~⑩까지가 상대적으로 더욱 위험: 재기도와 더불어 자살성
공률이 높다. 20개 가운데 3가지 이상을 동시에 가지고 있는 경
우에는 당장 적극적인 치료 필요)

* 자살의 전조적인 단서
관심, 생활방식, 생의 애착, 습관, 성생활 양식, 식생활 양식 등에
변화가 생긴다.

4) 정신 상태 검사에서 진단과 관계없이 자살 위험을 예측할 수 있는 소견

① 지속적인 슬픔
② 절망감
③ 심한 죄책감
④ 심한 동요, 운동 지체
⑤ 정신병

5) 아동과 청소년의 자살

(1) 증가 추세

5~14세에서는 7번째, 15~24세에서는 2번째 사망 원인이다.
사회 환경의 변화, 자살에 대한 관점 변화, 자살 도구 구입 용이성
증가에 의함.

(2) 소인

① 가족 환경의 혼란(50%)

② 정신질환(40%): 약물 남용, 알코올중독 > 반사회성 인격장애 >
   기 분장애

③ 신체질환

④ 과거의 자살기도

(3) 유발인자

① 훈육 위기

② 또래에게 체면 상실

③ 부모와의 논쟁, 부모 사이의 논쟁

④ 실연

⑤ 학업 곤란-낙제

⑥ 실직

⑦ 사별-특히 부모의 사망

⑧ 별거-부모의 이혼

⑨ 거절당함

(4) 모방 자살(Copycat Suicide)

한 친구의 자살이 동일시를 통해 다른 친구의 자살기도를 유발

(5) Suicidal Behavior가 청소년기에 증가하는 이유

① 생활 스트레스 이론(Life Stress Theory)

청소년기는 신체적·감정적·지적·사회적 변화가 급격한 시기로 스트레스가 많고 따라서 문제도 많은 시기이다.

사회가 더욱 유동적으로 되면서 전통적인 지지가 줄어들고 있으며 어른들의 직장이 바뀌고, 직장 재배치가 잦아지면서 가족 이외에 의미 있는 관계를 발달시켜야 할 과제를 안고 있는 청소년들로서는 매우 스트레스가 많다.

② 청소년기 변화 적응 능력 및 관계 형성

변화에 대한 적응 능력과 관계를 형성하는 능력이 어떤 청소년들에서는 부분적으로 결정되어 있다.

- Stanley & Barter(1978): 어릴 때 부모와의 격리가 자살군에서 높다.
- Cohen – Sandler 등(1982): 격리 및 상실과 스트레스 사건의 증가가 자살군에서 높다.
- Bowlby(수용소 연구): 적절한 발달에 부적절한 양육은 해로운 요소
- Spitz & Wolf(1946): Classic Hospitalism Study

③ 우울증

아동기와 청소년기 자살의 중요한 위험인자

④ 생리적 환경의 취약성

- 호르몬의 빠른 변화
- 이차 성징의 발달

⑤ 정신질환에 대한 유전적 취약성

⑥ 가정환경

붕괴, 별거, 이혼, 사별, 부모불화

⑦ 직접적인 실패(예: 낙제)

⑧ Maternal & Perinatal Condition

• 출생 시 단기 저산소증(1시간 이내)

• 산전 진찰 결여

• 어머니의 임신 중 만성질환

⑨ 아동학대, 사춘기 때 부모의 무관심

⑩ 다발성 자살(Cluster Suicide) TV에서 방송된 사건의 모방

17. 노인과 자살 - 노인의 자살률이 증가하는 이유

① 퇴직

② 배우자 상실

③ 소외감, 외로움

④ 만성질환으로 인한 신체적 허약

⑤ 우울증의 증가

18. 치료

1) 자살 가능성의 평가

정신 상태 검사를 통한 우울증상, 자살에 대한 생각, 의지, 계획, 기도 등에 대한 철저한 병력 상담에 의해 잘 평가해서 대처한다면 정신과 환자의 자살은 상당부분 예방이 가능하다.

2) 입원의 결정

자살 의사가 있는 환자에 있어서 가장 중요한 결정으로 다음의 사항들에 따라 결정한다(자살사고를 가진 모든 환자가 입원해야 하는 것은 아니다).

① 정신질환에 대한 진단

② 우울증과 자살사고의 심각성

③ 환자와 가족의 대처 능력

④ 생활 상황

⑤ 사회적 지지의 이용 정도

⑥ 자살의 위험인자(특히 충동성 여부)

자살 위험의 징후는 보이지만 환자가 입원을 거부할 경우에는 가족들에게 24시간 잘 간호하도록 책임을 지워 주어야 한다. 만약 자살 위험이 심각하다고 판단되면 응급으로 강제 입원시켜야 하고, 환자나 가족에게 동의를 권고해야 한다.

3) 자살 환자를 위한 실용적인 예방법(by J. E. Schneidman)

① 심리적 고통 경감: 스트레스가 심한 환경을 바꾸어 주고, 배우자, 고용인, 친구 등의 도움을 구하여 심리적 고통을 덜어 준다.
② 실질적인 도움 제공: 환자의 호소가 정당할 수도 있음을 인정한다.
③ 자살 이외의 대안을 제시한다.

4) 입원 중의 치료

① 환자의 상태와 진단에 따라 항우울제, 전기치료, 정신치료, 가속치료 등을 받을 수 있다.
② 지지적 정신치료: 관심 보이고, 심리적 고통 경감시키고, 병식을 줄 수도 있으며, 잘못된 결정을 내리지 않도록 도울 수 있다.
③ 소지품관리 철저(입원 시, 정기적)
④ 회복기에 있는 자살위험이 있는 우울증 환자와 극적인 변화(갑자기 평화로워지는 등)를 보이는 환자는 매우 조심해야 한다. 혼자서 은밀히 자살을 결심했기 때문에 편안하게 보일 가능성 많다.
⑤ 전기충격요법: 항우울제에 반응이 없거나, 지속적인 자살의사를 보이는 경우 사용한다.

내외과 및 정신과 '입원 중의 자살'이 전체 자살의 약 1%, 정신과 병동의 1년 자살률이 0.003%이다. 외래에서는 항우울제(TCA)의 과용으로 인한 사망에 유의해야 한다.

5) 우울하고 자살 가능성이 있는 환자

우울한 환자들은 흔히 정신운동지체와 절망감 때문에 자신들의 병을 자발적으로 적절하게 설명하지 못한다. 의사는 우울한 환자에게 자살사고(ideation)를 포함하여 우울증과 관련된 병력과 증상에 대해서 구체적으로 물어볼 준비가 되어 있어야 한다. 우울한 환자에게 구체적으로 질문해야 하는 다른 이유는 환자가 밤에 잠을 깨고, 신체적 불편감이 증가하는 것이 우울증과 관련 있다는 것을 알지 못하기 때문이다. 우울한 환자를 대할 때 가장 어려운 측면 중 하나는 그들의 절망감을 경험하는 것이다. 심하게 우울한 환자들은 대개 현재 그들의 감정이 무한정 계속되고 그래서 아무런 희망이 없다고 믿는다. 정신의학자는 그런 환자들에게 모든 게 잘될 거라고 너무 성급하게 안심시키지 않도록 주의해야 한다. 왜냐하면 대부분의 환자들은 이것을 정신의학자가 그들이 느끼는 고통의 정도를 이해하지 못하는 것으로 경험하기 때문이다. 합리적인 접근 방법은 환자의 기분이 얼마나 나쁜지 알고 있으며, 도움은 확실히 가능하고, 현시점에서 도움을 받을 수 있다는 데 대해 믿지 않겠지만 이해할 만하다는 것을 나타내는 것이다. 더욱이 의사는 환자들의 기분이 회복되는 걸 돕도록 되어 있고, 모든 특정하고 효과적인 약물학적, 그리고 심리학적 기법들이 사용될 것이고, 다소 긴 회복기간에도 불구하고 내버려지지 않을 것이라는 것을 또한 분명하게 전달해야 한다. 지금까지 환자들이 그들의 고통을 완화시키기 위해 했던 모든 것이 잘되지 않았기 때문에 정신의학자가 그들과 면담할 때 그들은 아마도 절망적인 상태였을 것이다.

정신의학자가 그들의 우울증은 치료될 수 있으나, 그들의 특정한 우울장애에 가장 효과적인 치료방법을 찾는 데는 어느 정도의 노력과 시간이 필요하다고 정직하게 얘기할 때 우울한 환자들은 안심하게 될 것이다. 이런 메시지는 환자들을 이전보다 더 우울하게 만들 수 있는 잘못된 재확인이 아니라 의사가 환자가 어떤 상태이며, 어떤 치료가 가장 빠르고 효과적인지를 이해하려고 전념하고 있다는 느낌을 전달해 준다. 모든 우울한 환자들은 의식적으로 또는 무의식적으로 정신의학자가 마술적으로 그리고 즉각적으로 치료해 줄 것을 바라기는 하지만, 대부분 사람들(일부는 희망이 없다고 믿으면서도)은 치료과정을 기꺼이 따른다. 면담하는 정신의학자는 특정한 치료가 해답이 될 것이라는 약속을 하지 않도록 주의해야 한다. 만약 그 치료가 환자에게 효과가 없다는 것이 판명되면 그 실망감은 환자의 마지막 희망을 없애 버릴 것이다.

6) 자살 가능성의 평가

자살 가능성은 우울한 환자들을 면담할 때 특별한 관심을 기울여야 하는 부분이다.

현저한 자살위험이 없더라도 우울한 환자와 면담을 할 때는 자살 가능성을 반드시 염두에 두어야 한다.

면담자는 자살사고의 여부를 상세하게 물어봐야 한다. 정신의학자는 구체적으로 물어봐야 한다. "지금 자살하고 싶은 생각이 있습니까, 아니면 당신은 자살할 계획이 있습니까?" 자살 편지(메모), 자살의 가족력 또는 이전 자살행동은 자살 위험성을 높인다. 충동성이나 미래에 대한 전반적인 염세관의 증거 또한 위험하다.

만약 정신의학자가 환자가 자살행위를 할 임박한 위기에 처해 있다고 판단한다면 환자는 반드시 입원하든지 아니면 다른 방식으로 보호되어야 한다. 환자가 당장은 위험하지 않지만 우울한 상태가 지속되는 한 자살할 가능성이 있다면 상황은 더욱 어려워진다.

만약 즉각적으로 환자가 입원할 필요가 없다는 결정을 하게 되면, 자살에 대한 압박감이 올라가면 언제라도 연락하겠다는 약속을 환자와 해 두어야 한다. 이런 상황에서 환자가 한밤중에 위기를 느끼고 의사에게 연락하는 것은 흔한 일이다. 의사는 반드시 자신이 언제나 도달할 수 있는 거리에 있다고 환자를 안심시켜야 한다. 실제로 의사가 언제나 연락이 닿는다고 느끼게 되면 환자는 흔히 안심하게 되고 충동을 더욱 잘 조절할 수 있고 자살느낌을 검토하기 위해 계획된 치료를 정기적으로 받게 해야 된다.

자살의 원인은 개인적(생물학적이든, 심리적인 것이든)이면서 또 불가피하게 사회적(제도적이고, 관습적이며, 문화적인 영향을 받지 않을 수 없다는 점에서)일 수밖에 없다. 그것은 쉽게 말해 '복합적'이다. 이건 너무 뻔한 이야기다. 하지만 원인과 행위, 그리고 그 책임을 분리한다고 할 때, 그 원인에 기여한 다양한 인자들의 책임 귀속 문제가 남는다.

자살에 관한 한 책임 귀속(책임 분배)을 무한하게 확장할 수는 없는 노릇이라서, 법적인 차원에서는 자살은 대개 자살자 스스로에 대한 책임으로 한정되기 마련이다. "죽은 사람만 억울하지……"라는 우리네의 일반적인 연민과 안타까움은 이런(특히 법) 제도의 책임 한정을 인식하는 넋두리라고 할 수 있겠다. 자살을 '사회적인 타살'이라고 해석하는 정치적·사회적인 상상력은 매우 필요하고, 그 동기 역시 대부분 사회성원들에게는 도덕적으로 고양된 태도에 바탕을 한 것이지만, 그럼에도 불구하고 자살은 타살이 아니고, 타살은 자살이 아니다.

다만 사회적으로 논란이 벌어지는 어떤 자살에 대해서는 그 메시지의 의미를 분석하고, 또 해석하기 위한 다양한 성원들의 개입이 벌어지게 되고, 그 책임 배분에 대한 논의가 활발해진다. 그 자살은 '사회적인 메시지' 그 자체라고 여겨지기 때문이다. 지난날 전태일의 자살이 그랬고, 김세진의 자살이 그랬으며, 최진실의 자살과 최근 장자연의 자살이 그렇다. 다만 전태일과 김세진의 자살이 정치적인 메시지를 위한 저항으로서의 자살이라면, 최진실과 장자연의 자살은 개인적인 메시지가 강조되는 피해자로서의 자살이라는 성격이 부각된다.

그런 사회적인 메시지로서의 자살이 갖는 저마다의 성격('저항'이라는 속성과 '희생자'라는 속성)이 어떻든 그 자살은 사회적으로 억제되어야 마땅히다. 그것은 법적인 책임 분배이 논의가 아니라 이제 사회적이며, 도덕적인 책임 분배에 대한 논의가 되며, 자살이라는 비극적인 선택을 피할 수 있는 방법에 대한 고민으로 이어진다. 하지만 점점 더 이 사회는 자살을 억제할 수 있는 방법을 고민하기보다는 그 책임의 분배, 그 자체에 대해서 정치적이고, 권력적인 언술을 증폭시킨다. 그러니 그 '다음 단계'의 논의가 점점 더 증발하고 있더라도 그건 오히려 '자살'을 정치적인 수단으로 삼는 '사이버 모욕죄' 따위의 저질스러운 정치적 선동에 머물곤 한다.

그 권력적인 언술은 묻는다. 법적인 책임이 있는가? 권력이 있는가? 돈이 있는가? 나에게 피해가 오는가? 파워엘리트로서의 권력 작용이든, 아니면 그저 소시민으로서의 본능적인 권력 지향적 작용이든, 아니면 매개로서 작용하는 암시적 권력 작용이든 질문은 점점 더 사회적인 해결을 고민하려는 본질과 멀어지고, 권력이 명령하는 그

틀에 따라 자살과 죽음에 대한 고민과 성찰은 피상적으로 축소되고, 법적인 의미로 한정되며, 세속적인 가십의 수준으로 제한된다.

궁극적으론 자살을 권하는, 죽음을 부추기는 권력 시스템의 야만에 침묵할 것인가, 항거할 것인가? 이 배타적인 대답만 가능한 질문이 남는다. 법제도로서의 합리성을 강조하는 '권력(욕망, 가령 그 대표적인 표상으로서의 '섹스'에 대한 배타적 독점력을 확보한 권언 복합체)'은 그 법제도의 이면에서 그 권력(공권력)을 장악해 버림으로써, 혹은 그 공권력과 담합함으로써 침묵을 적극적으로 퍼뜨린다. 그 속에서 외톨이가 될 때 외로움을 느끼고, 낙인이 되고, 홀로 남겨졌다는 데 대한 우울증으로 자살을 생각하게 만드는 것이다.

최소한의 사회적인 정의, 객관적인 정의를 위한 공권력은 더 이상 존재하지 않는다고 믿는 소시민들은 더 이상 자신의 실존적이며 정치적인 근심이 스스로에게 이익이 되지 않는다는 절망감을 본능적으로 포착해 낸다. 그 근심은 '불이익', '손해', '좌절' 등의 이미지들을 떠올린다. 그래서 점점 더 표피로서의 '쿨한' '항거'만이 살아남게 되고, 본질적인 질문은 수면 아래로 가라앉는다.

우리 시대의 성공적이고 야만적이며 때론 세련되고, 때론 폭압적이기 이를 데 없는 권력은 심리적인 노예 사회의 골격을 바야흐로 완성시켜 가고 있다고 보인다. 거기에 다시 젖과 꿀이 흐르는 욕망의 표상들이 기만적 기표로서 넘쳐 날 것이다. 자살은 이처럼 권력, 명예의 분출이 제대로 이루어지지 않고, 소통이 안 될 때 나타날 수 있다. 그것을 소통의 커뮤니케이션 장애 자살이라고 보아도 될 것이다.

일전에 모 방송국의 젊은 여자 아나운서가 어린 두 아들과 건실한 남편을 남겨 두고 자살을 했다는 충격적인 사실이 방송에 나왔다. 만인의 선망 대상이 되어 온 그 아나운서가 무엇 때문에 자살을 했을까? 유서를 남기지 않고 자살을 했으니 그 자살 동기에 대해서는 아는 사람이 아무도 없다.

우리나라에는 이렇게 원인을 알 수 없는 자살자가 하루에 30명, 1년에 만 명이 넘는다는 통계가 발표되어 나왔고, 우리나라도 일본, 미국 등과 함께 자살 선진국 대열에 올라서 있는 것 같다.

이런 자살 사건이 매년 급증하고 있는 상황에서 정부의 무감각, 무대책의 변두리에서 일부 관심 있는 분들이 자살 방지협회를 만들었는가 하면 한편에서는 생명존중운동본부를 결성하여 자살 방지에 적극 나서기로 했다는 보도가 나왔다.

지금 미국에서도 각계각층에서 의문의 자살자가 수없이 발생하여 사회저·국가저 문제가 되고 있어 미국 대통령은 자살과의 전쟁까지 선포한 일도 있으나 그 실효는 전혀 거두지 못하고 있고 앞으로도 그 전쟁이 성공할 가망이 전혀 없어 보인다.

또 얼마 전에 홍콩에서도 자살 건수가 급증하여 심각한 사회문제로 대두되자 자살 방지 대책기구를 발족시켜 적극 대처해 나간다 하고 있으나 그것도 허공에 뜬 풍선잡기에 지나지 않을 것인데 그 이유는 대단히 선명하다. 즉 홍콩이 내세우고 있는 대책을 보면 ① 생명존중 운동의 전개, ② 자기 행동에 책임을 지게 하고, ③ 가정과 학교, 직장에서 대화 단절을 없게 하며, ④ 열 사람이 조를 이루어 대화 훈련을 하고, ⑤ 다른 사람과 희로애락을 공유케 하며, ⑥ 생명존중 40만 명 서명운동의 전개, ⑦ 자살하겠다는 심리의 포기, ⑧ 실업률을 최소화하여 의욕과 기쁨을 준다는 등으로 일견 보기에 모두 그럴듯하고 타당한 대책같이 인식이 된다. 그러나 이런 대책이나 캠페인 가지고는 전혀 해결이 되지 않는다.

세계보건기구가 최근 20년간 국가별로 발표한 자살원인을 분석해 보면 부유하고 복지정책이 잘되어 있는 나라일수록 자살률이 월등히 높다 하며 상대적으로 부유치 못한 나라의 자살률이 현저히 낮게 나타나고 있다는 것이다. 그러니까 복지제도나 주위 환경여건, 기후 등은 개개인의 자살과는 아무런 상관성이 없는 것으로 나타나 있다는 것이다. 또 지금까지 자살한 사람들을 보면 대학교수, 의사, 예술인, 작가, 젊은 학생, 가정주부, 중년 남성 등 비교적 사회적 지도층 인사나 상층부의 직장인 등이 많이 포함되어 있다는 것으로 볼 때 자살 방지대책 관련단체에서 내걸고 있는 자살의 원인과 대책론과는 전혀 핀트가 맞지 않는다. 또 사회심리학자들이나 정신과 의사들이 설명하는 자살 동기를 보면 개인의 욕구불만, 직업에 대한 회의적 시각, 가족들과의 불화와 관심 결여, 주변 친지들로부터의 소외감 등으로서 학자마다, 발표자마다 그 주장이 각양각색이다. 이와 같이 자살 원인과 동기가 중구난방인 것은 모두가 정확한 원인을 모르고 있다는 증거인 것이다. 실제 자살에는 유서가 있는 자살과 유서를 남기지 않는 자살 두 가지 유형이 있는데 문제 되는 것은 유서 없는 자살, 즉 원인 모르는 자살에 있다.

자살은 심리적인 문제이기에 쉽게 잡히거나 해결하기는 힘들다. 다만 이것을 해결하려면 공감대가 형성되어야 할 것이다. 자살하지 않아도, 의견 표출이 가능하게 하고, 자살하지 않아도, 목적을 달성할 수 있는 그런 공감대를 만드는 것이 우선시되어야 할 것이다.

Ⅲ

참삶과 오판

1. 참삶의 자기정체성

‘품위 있는 죽음을 맞이하자’라는 운동이 있다. 우리 인간은 누구나 죽음을 맞이한다. 누구는 좀 더 빨리 가고, 누구는 좀 더 오래 머물다가 간다. 인간은 누구나 죽는다.

지금 죽어 있는 사람을 장례식에 참여하는 사람들도 때가 되면 뒤따라간다. 뒤따라가는 것을 좀 더 빨리하고자 인위적으로 죽음을 맞이할 필요가 있는 것일까? 시간이 지나면 다가오는 것을 빠르게 인위적으로 할 필요가 있을까? 이 해답은 바로 우리 인간에게 있다.

너무 좋아서, 너무 행복해서 죽음을 생각하거나 너무 힘들고 괴로워서 죽음을 생각하기도 한다. 때로는 지루해서 죽음을 생각하기도 한다. 너무 바빠도 안 되고 너무 조급해서도 안 된다. 그러면 우리는 어떻게 살아야 참삶의 자기정체성을 가질 수 있는 것일까?

야마자키 후미오라는 일본 의사가 16년 동안 300명 가까운 환자가 죽는 모습을 지켜보고 『병원에서 죽는다는 것』이라는 책을 냈다. 그는 결론을 “나는 절대 병원에서 죽지 않겠다”는 말로 맺었다. 호흡 보조 장치, 영양 공급 장치를 주렁주렁 매달고 사는 것도 죽은 것도 아

닌 상태로 마지막 날로 미끄러져 가는 것은 인간답고 품위 있는 죽음
이 아니라고 했다. 어느 40대 환자는 말기 암 판정을 받고 병원 침대
를 벗어나 가족과 함께 보내며 인생을 정리한 몇 달이 "지금까지 살
아온 40여 년보다 훨씬 소중했다"는 말을 남겼다.

미국 뉴햄프셔 주 하노버의 켄달 실버타운에는 평균 84세인 노인
400여 명이 산다. 그중에 위급할 때 심폐소생술을 받겠다는 사람은
한 명뿐이다. 다들 아기가 엄마 젖을 떼듯 천천히 약을 줄이며 눈을
감겠다고 했다. 미국에선 이처럼 목숨에 매달려 아등바등 않고 품위
있는 죽음을 맞자는 '슬로 메디신(slow medicine)' 운동이 번지고 있다.

장자(莊子)는 "죽음은 고향으로 돌아가는 것, 두려울 것도 싫어할
것도 없다"고 했다. 인생을 '꿈속의 꿈'으로 본 장자 같은 인물이나
할 수 있는 말이다. 석가모니가 자식의 죽음을 애통해하며 살려 달라
는 어머니에게 말했다. "이 마을 집집마다 찾아가 사람이 죽어 나간
적이 없는 집에서 공양을 얻어 와 봐라. 그러면 아이를 살려 줄 것이
다." 죽음은 누구에게나 공평하게 찾아온다는 얘기다. 그러나 보통사
람들은 죽음의 얼굴과 마주치기를 두려워한다.

서울대 혈액종양내과가 암 환자 298명을 대상으로 한 조사론 죽기
반년 전까지 적극적 항암치료를 받은 환자가 95%로 33%인 미국의
세 배나 됐다. 한국인은 유달리 삶에 집착하고 죽음에 거부감이 강하
다. 그래서 어느 날 준비 없이 자신이나 사랑하는 이의 죽음과 마주
하고 당황해하는 경우가 많다.

한국죽음학회가 죽음을 잘 맞는 방법을 모아 '한국인의 웰다잉
(Well-Dying) 가이드라인'을 책으로 냈다. 유언장 작성법부터 말기
질환 알리는 방법, 가족이 돌봐야 할 일까지 환자와 의사, 가족이 준

비할 일을 두루 엮었다. 평생을 규칙 속에 살아야 하는 현대인이 죽음마저 가이드라인에 따라야 하는가 생각하면 씁쓸하긴 하다. 그러나 '웰빙'은 '웰다잉'에 의해 마침표가 찍히는 것이다. 장수(長壽)시대일수록 아름다운 마지막을 고심하지 않을 수 없다.

생사(生死)가 본디 하나인데, 이것은 받아들이고 저것은 물린다는 게 말이 안 된다. 말이 안 될 뿐만 아니라 그러고 싶어도 그럴 수가 없다. 죽음을 거절하는 것은 바로 삶을 거절하는 것이기 때문이다. 부인이 무덤에서 춤을 추었다는 장주(莊周)의 고사(古事)가 한낱 꾸며진 이야기만이 아니다.

사람들은 본능처럼 삶을 반기고 죽음을 무서워하고 꺼리는 것인가? 살아 있는 사람이 죽음을 무서워한다는 것이 사실상 있을 수 없는 일이다. 무엇인지 모르는 것을 무서워할 수는 없기 때문이다. 그런데도 우리가 죽음을 겁내고 있는 것은 죽으면 모든 것이 사라진다는 인식이 우리를 지배하고 있기 때문이다.

그렇지만 우주에는 사라지는 것이 없다. 물리학이 입증하는 '질량불변의 법칙'을 빌려 올 것도 없이, 부분(部分)과 전체(全體)의 관계를 잠시만 생각해 봐도 알 수 있는 것 아닌가. 만일 한 부분이, 아무리 작은 것이라 해도 없어진다면 그 없어진 부분으로 말미암아 전체 또한 없어진다.

오늘 하늘에 떠 있는 찬란한 보름달을 보았다. 저 달을 지금 내가 보고 있지만 앞으로 천 년, 만 년 후에도 누군가는 보고 있을 달이다. 그리고 지금 저 달은 인류 역사상 5천만 년 전에도 환하게 지구를 비춰 주었던 그 달을 지금 보고 있는 것이리라.

지금 내가 보고 있는 산은 몇 천 년 동안 그 자리에 있던 그 산이고, 앞으로 몇 천 년이 흘러도 자손들이 볼 것이다. 죽음이란 인간에서 보면 아주 빠른 광속과도 같은 세월 속에 한 점인 것이다. 그러므로 죽음에 대한 인식이 곧 삶에 대한 인식으로 전환되는 것이다.

우리 인간은 참삶에 대한 자기정체성을 찾아야만 한다. 그것을 찾는 순간 자살충동이나, 자살로부터 벗어날 수 있다. 인식 전환이 우선돼야 한다. 예화를 통해 알아보면 다음과 같다.

1950년대의 영국의 컨테이너선 하나가 스코틀랜드의 한 항구에 정박해 있었다.

포르투갈산 포도주를 운반하는 배였는데, 해가 항구에 도착하고 짐이 내려진 후에 선원 하나가 짐이 다 내려졌는지 확인하기 위해 냉동 컨테이너 안으로 들어갔다. 이때 다른 선원이 그 안에 사람이 있는 것을 모르고 밖에서 냉동실 문을 닫아 버렸다. 안에 갇힌 선원은 있는 힘을 다해 문을 두드렸지만 아무도 그 소리를 듣지 못했다. 배는 다시 포르투갈을 향해 출발하였다.

냉동실 안에는 먹을 것이 많이 있었다. 그러나 선원은 자신이 곧 얼어 죽게 될 것이라고 생각했다. 그는 바닥에서 쇠꼬챙이 하나를 집어 들고 날짜별로 시간별로 자신이 겪은 죽음의 고통을 적어 나갔다. 먼저 손가락과 발가락이 얼어 갔다. 이윽고 코가 얼기 시작했고 냉기는 폐부를 찌르기 시작했다. 이윽고 온몸이 하나의 얼음 덩어리로 변해 가는 과정을 기록했다.

배가 리스본에 도착했을 때, 그 선원은 얼어 죽은 상태로 발견되었다. 사람들은 벽에 빽빽이 써 놓은 고통의 기록들을 읽었다.

그러나 정말 놀라운 일은 그 기록이 아니었다. 사람들은 컨테이너 안이 꽤 따뜻하다는 것을 알게 되고 온도를 재어 보았다. 온도는 섭씨 19도였다. 스코틀랜드에서 회항하는 동안 컨테이너 안에 아무것도 적재하지 않았기 때문에 냉동장치는 가동되지 않았던 것이다. 그러나 그 선원은 섭씨 19도에서 얼어 죽었다.

자신이 춥다고 느꼈기 때문에 얼어 죽은 것이다. 그는 자신의 상상 속에서 죽었다고 할 수 있다.

1) 인생의 가치관 재정립

20세기 독일의 실존철학자 마르틴 하이데거는 인간을 '죽음의 존재'라고 정의했다. 태어난 순간부터 죽음을 향해 나아가는 유한한 존재라는 의미에서다. 인간은 죽음을 직시함으로써 자신에게 주어진 시간이 얼마나 짧은지, 그리고 얼마나 소중한지 깨닫게 된다. 이는 '짧은 인생을 어떻게 사는 것이 가장 좋을까'라는 삶에 대한 성찰로 이끈다. 죽음에 대한 사색이 삶에 대한 반성으로 이끄는 것이다.

2) 죽음에 대한 공포로부터 해방

죽음에 관한 극단적 공포를 줄이고 심리적 부담을 제거하는 것이다. 죽음이라는 말을 입에 담는 것조차 꺼리는 가장 큰 이유 가운데 하나가 바로 죽음에 대한 공포다. 대다수 임종환자들은 죽음에 대한 과도한 공포 때문에 정서가 마비됨에 따라 죽음의 과정을 통해 영적으로 성장할 수 있는 기회를 놓치고 만다.

환자들이 갖고 있는 죽음에 대한 공포를 덜어 줘야 할 의료진이 죽음에 대해 공포를 갖고 있다면 이 또한 큰 문제다. 이 경우 임종환자들과 올바른 소통을 기대하기란 어렵다. 죽음 준비 교육은 여러 종류의 죽음 공포를 찾아내고 분석함으로써 이런 공포들에 대해 긍정적으로 대면할 수 있는 방법들을 알려 준다.

3) 내세에 대한 희망

인생은 죽음으로 막을 내린다. 죽음으로 모든 것이 무(無)로 돌아간다면 산다는 것이 참으로 허무하게 느껴질 것이다. 그러나 죽음이 새로운 삶의 시작이라면 이야기가 달라진다. 죽어도 지금의 내가 사라지지 않고 계속된다고 상상해 보라. 그것만으로도 죽음에 대한 공포는 크게 줄어들 것이다. 현재의 삶이 내세의 삶에 절대적 영향을 미친다고 한다면 현재의 삶에 대한 자세 또한 달라질 수밖에 없다.

유물론에서 출발한 현대과학으로 사후(死後)의 존재를 증명하기란 힘들다. 물론 죽으면 다 사라지고 만다는 것도 과학적으로 증명할 수 없다. 그러나 과학만이 능사가 아니다. 또 과학도 과학 나름이다. 고통스러운 죽음의 과정을 겪고 있는 환자에게 영적으로 가장 큰 도움을 줄 수 있는 것은 영원한 미래에 대한 소망이다. 죽음 준비 교육은 죽음이 결코 마지막이 아니라는 희망을 전한다.

4) 죽어 가는 과정에 대한 이해

삶의 마지막 단계에 있는 환자들이 어떤 문제들에 봉착하고, 무엇을 필요로 하는지 이해할 수 있도록 도와준다. 의료진이 더 이상 도움을 줄 수 없는 단계에 있는 환자에게 가장 큰 도움을 줄 수 있는 이들은 가족과 친지들이다. 환자가 필요로 하는 것은 의료적 치료와 함께 따뜻한 인간적 배려다. 죽어 가는 사람을 영적으로 도와주는 일의 필요성과 방법을 깨닫게 하는 것이 또한 죽음 준비 교육의 중요한 목표다. 누구나 언젠가는 죽음에 직면하는 가족과 친지를 대면해야 한다.

죽음 과정에 대한 연구로 유명한 엘리자베스 퀴블러 로스(1926~2004) 박사는 죽을병에 걸린 환자의 반응을 5단계로 설명했다. 첫 번째, 자신은 결코 죽지 않을 것이라며 죽음을 부정한다. 두 번째, 죽어야 한다는 사실에 대해 분노한다. 세 번째, 어떻게 해서든 생명을 연장하고자 타협한다. '몇 달만 더 살게 주신다면……' '살게 해 주시면 착하게 살겠다' '아들 결혼식까지만 살려 달라'는 식이다. 네 번째, 더 이상 회복 가능성이 없다고 느끼면서 우울증에 빠진다. 다섯 번째, 네 번째까지 단계를 다 지나게 되면 환자는 이제 자신이 죽는다는 사실을 받아들이게 된다.

데켄 신부는 여기에 여섯 번째, 소망을 갖게 되는 단계를 추가했다. 회복될 수 있다는 희망을 갖는 것이 아니라 영원한 생명, 그리고 자신이 사랑했던 사람과 다시 만날 수 있다는 기대를 갖는 것이다. 내세에 대해 확고한 믿음을 가진 종교인에게 해당하는 경우라고 하겠다.

어제의 삶이 오늘의 삶으로 이어지고 오늘의 삶이 내일의 죽음으로 이어지듯이, 내일의 죽음 역시 오늘의 삶과 다를 바 없다

죽음은 누구에게나, 언제든지, 어디에서나 일어날 수 있는, 결코 피할 수 없는 현실이다. 죽음을 터부시하여 자신의 의식으로부터 쫓아내 버린다면 죽음과 표리일체를 이루는 삶을 바람직하게 영위할 수 없게 될지도 모른다. 죽음을 자기 삶의 일부로 수용하고 주위 사람들과 함께 허심탄회하게 논의할 수 있어야 할 것이다.

죽음이란 한 생명이 자신의 삶을 맺는 문제이므로, 그 죽음은 삶과 무관하지 않은 것이다. 죽음은 삶의 거울과도 같아서 어떤 사람이 자신의 삶을 맺는 방식은 곧바로 그가 삶을 어떻게 살았는가 하는 문제와 직결된다. 그러므로 죽어 가는 사람이 마지막 단계를 어떻게 하면 인간답게 보낼 수 있을지, 자기 자신은 죽음을 어떻게 맞이할 것인지 보다 폭넓게 접근할 필요가 있다.

5) 1,000명의 죽음을 지켜본 호스피스 전문의가 말하는 죽을 때 후회하는 25가지

첫 번째 후회, 사랑하는 사람에게 고맙다는 말을 많이 했더라면

두 번째 후회, 진짜 하고 싶은 일을 했더라면

세 번째 후회, 조금만 더 겸손했더라면

네 번째 후회, 친절을 베풀었더라면

다섯 번째 후회, 나쁜 짓을 하지 않았더라면

여섯 번째 후회, 꿈을 꾸고 그 꿈을 이루려고 노력했더라면

일곱 번째 후회, 감정에 휘둘리지 않았더라면

여덟 번째 후회, 만나고 싶은 사람을 만났더라면

아홉 번째 후회, 기억에 남는 연애를 했더라면

열 번째 후회, 죽도록 일만 하지 않았더라면

열한 번째 후회, 가고 싶은 곳으로 여행을 떠났더라면

열두 번째 후회, 고향을 찾아가 보았더라면

열세 번째 후회, 맛있는 음식을 많이 맛보았더라면

열네 번째 후회, 결혼했더라면

열다섯 번째 후회, 자식이 있었더라면

열여섯 번째 후회, 자식을 혼인시켰더라면

열일곱 번째 후회, 유산을 미리 염두에 두었더라면

열여덟 번째 후회, 내 장례식을 생각했더라면

열아홉 번째 후회, 내가 살아온 증거를 남겨 두었더라면

스무 번째 후회, 삶과 죽음을 진지하게 생각했더라면

스물두 번째 후회, 건강을 소중히 여겼더라면

스물세 번째 후회, 좀 더 일찍 담배를 끊었더라면

스물네 번째 후회, 건강할 때 마지막 의사를 밝혔더라면

스물다섯 번째 후회, 치료의 의미를 진지하게 생각했더라면

6) 자살심리척도

(1) 살고 싶은 소망은?

⊙ 보통 혹은 많이 있다.

⊙ 약간 있다.

⊙ 전혀 없다.

(2) 죽고 싶은 소망은?

⊙ 전혀 없다

⊙ 약간 있다.

(3) 살고 싶은 이유, 죽고 싶은 이유는?

⊙ 사는 것이 죽는 것보다 낫기 때문에

⊙ 사는 것이나 죽는 것이나 마찬가지다.

⊙ 죽는 것이 사는 것보다 낫기 때문에

(4) 실제로 자살 시도를 하려는 욕구가 있는가?

⊙ 전혀 없다.

⊙ 약간 있다.

⊙ 보통 혹은 많이 있다.

(5) 별로 적극적이지는 않고 수동적인 자살 욕구가 생길 때는?

○ 생명을 건지기 위해 필요한 조치를 미리 할 것이다.

○ 삶과 죽음을 운명에 맡기겠다.

○ 살기 위한 노력을 하지 않겠다.

(6) 자살하고 싶은 생각이나 소망이 얼마나 오랫동안 지속되는가?

○ 잠깐 그렇게 생각이 들다가 곧 사라진다.

○ 한동안 그런 생각이 계속된다.

○ 계속, 거의 항상 그런 생각이 지속된다.

(7) 얼마나 자주 자살하고 싶은 생각이 드나?

○ 거의 그런 생각이 들지 않는다.

○ 거의 그런 생각이 든다.

○ 그런 생각이 계속 지속된다.

(8) 자살 생각이나 소망에 대한 당신의 태도는?

○ 절대로 받아들이지 않는다.

○ 양가적이나 크게 개의치 않는다.

○ 그런 생각을 받아들인다.

(9) 자살하고 싶은 충동을 통제할 수 있는가?

○ 충분히 통제할 수 있다.

○ 통제할 수 있을지 확신할 수 없다.

○ 전혀 통제할 수 없을 것 같다.

(10) 실제로 자살 시도를 하는 것에 대한 방해물이 있다면?(예: 가족, 종교)

○ 방해물 때문에 자살 시도를 하지 않을 것이다.

○ 방해물 때문에 조금은 마음이 쓰인다.

○ 방해물에 개의치 않는다.

(11) 자살에 대한 깊게 생각해 본 이유는?

○ 자살에 대해 생각해 본 적이 없다.

○ 주변 사람들을 조종하기 위해서: 관심을 끌거나 보복하기 위해서

○ 주변 사람들의 관심을 끌고 보복하거나 현실도피의 방법으로

○ 현실도피적인 문제 해결 방법으로

(12) 자살에 대해 깊게 생각했을 때 구체적인 방법까지 계획했는가?

○ 자살에 대해 생각해 본 적이 없다.

○ 자살 생각을 했으나 구체적인 방법까지는 생각하지 않았다.

○ 구체적인 방법을 자세하고 치밀하게 생각해 놓았다.

(13) 자살 방법을 깊게 생각했다면 그것이 얼마나 현실적으로 실현 가능하며, 또 시도할 기회가 있는가?

○ 방법도 현실적으로 실현 가능하지 않고 기회도 없을 것이다.

○ 방법이 시간과 노력이 필요하며, 기회도 쉽게 오지 않을 것이다.

○ 생각한 방법이 현실적으로 실현 가능하며, 기회도 있을 것이다.

○ 앞으로 기회나 방법이 생길 것 같다.

(14) 실제로 자살을 할 수 있는 능력이 있다고 생각하나?

○ 용기가 없고 너무 약하고 두렵고 능력이 없어서 자살을 할 수 없다.

○ 자살할 용기와 능력이 있는지 확실할 수 없다.

(15) 정말로 자살 시도를 할 것이라고 확신하나?

○ 전혀 그렇지 않다.

○ 잘 모르겠다.

○ 그렇다.

(16) 자살에 대한 생각을 실행하기 위해 실제로 준비한 것이 있나?

○ 없다.

○ 부분적으로 했다(예: 약을 사 모으기 시작함).

○ 완벽하게 준비했다(예: 약을 사 모았다).

(17) 자살하려는 글(유서)을 쓴 적이 있는가?

○ 없다.

○ 쓰기 시작했으나 다 쓰지 못했다. 단지 쓰려고 생각했다.

○ 다 써 놓았다.

(18) 죽음을 예상하고 마지막으로 한 일은(예: 보험, 유언 등)?

◯ 없다.

◯ 생각만 해 보았거나 약간의 정리를 했다.

◯ 확실한 계획을 세웠거나 다 정리를 해 놓았다.

(19) 자살에 대한 생각을 다른 사람들에게 이야기한 것은 있는가?

◯ 자살에 대해 생각해 본 적이 없다.

◯ 다른 사람에게 터놓고 이야기하였다.

◯ 드러내는 것을 주저하다가 숨겼다.

◯ 그런 생각을 속이고 숨겼다.

2. 이런 연예인, 지도자 자살한다

"아름답게 죽으려고 하는데 자세한 방법을 가르쳐 주세요."

최근 사회문제가 되고 있는 자살 사이트의 게시판에 자주 오르내리는 질문이란다. 자살을 동경하며, 따라 하고자 하는 많은 철없는 사람들과 이를 비호하는 인터넷 누리꾼들, 이들을 통해 사람들은 자살을 순간적으로 결정하기도 한다. 우리나라에서도 그동안 자살 사이트가 운영돼 왔으나 정확하게 그 수가 얼마나 되는지는 알 수가 없다. 서울경찰청 사이버 범죄수사대가 밝힌 자료에 의하면 36개 정도가 운영되고 있는 것으로 파악되고 있지만 실제로는 더 많을 것이라는 추정이다.

한 10대 청년이 인터넷 자살 사이트에서 만난 사람으로부터 100만 원을 받고 20대의 자살 희망자를 살해한 사건도 있다. 자살은 개인의 유전적인 요인, 학습된 요인, 뇌의 생화학적 물질에 의한 것 등 정신과적 질병과 유관하다. 개인의 정신병리를 이해해야 하고 다음으로는 사회적 요인을 이해해야 한다. 자살은 개인의 요인에 의하기도 하지만 사회적인 아노미 현상과도 유관하다고 주장한다. 인터넷이 있기 이전에도 자살은 있었고 청부살인은 있어 왔다. 그러나 기존의 사회 현상과는 달리 이런 사건이 주는 충격이 더한 것은 인터넷으로 인한 확산 효과가 강력하기 때문에 기존의 자살과 기존의 청부살인과는 다소 다른 점이 있다고 생각된다. 사회 전반이 안고 있는 공통적인 문제로 이해하는 것이 빠를 것이다. 정보사회의 발전은 우리가 새로운 윤리성을 정립하기도 전에 급속도로 발전되고 있다는 점이 과거의 사건과는 다르다. 생명에 대한 경시, 상업적 가치관, 일차사고과정적인 행동양태를 부추기는 개인이나 사회적 자극에 대해 우리가 갖고 있는 방책은 무력할 수밖에 없다. 이 문제를 해결하기 위해서는 자살에 대해 깊이 있게 다루어야 한다. 우선 자살충동의 증상을 갖고 있는 환자들에 대해 어떤 치료적인 도움을 줄 것인가를 사회 전체가 고민해야 한다. 다음으로 건강한 사람들이라고 해도 사회적 아노미 현상에 의해 자살이 아니면 돌파구가 없다는 식의 사고방식이 자리 잡고 있는 사회 병리적 상황을 건강하게 개선하는 데 관심을 모아야 한다. 자살예측 가능한 연예인으로는 최고의 주가를 올리고 있는 연예인들을 들 수가 있다. 그리고 사회지도층 생활을 하는 지도자들은 자살 충동을 그만큼 많이 느낄 수 있을 것이다. 그리고 가장 높이 날라 올랐다가 지금은 잊히는 그런 사람들이 자살을 할 것이다. 자아정체성의 혼돈에 의한 자살인 것이다. 자살은 사회적 병이다. 이 병을 잘 치료해야 건강한 사회가 이룩될 것이다.

자살하는 사람을 두고 아웃사이더들은 이렇게 말한다. "오죽했으면 죽음을 택하겠는가" 혹은 "죽을 용기가 있다면 그 용기로 살지"라며 당사자는 죽음을 통해 말이 없고 산 자들이 모여 이런저런 시나리오를 만들어 뒤집어씌운다. 신문에도 나지 않고 생을 마감한 사람이 있는가 하면 사회에 큰 충격을 남기고 자살한 재벌 총수도 있다. 이름이 있건 없건 간에 자살이라는 행동을 선택한 결과는 동일하다. 선택하게 된 연유는 제각기 인생이 다르듯 다른 의미를 지니겠지만 외형상 우리에게 남기고 보여 주는 모습은 같아 보인다. "오죽했으면 자살을 했을까"라는 반응은 자살이 적어도 자신의 선택이긴 하지만 자신만의 책임은 아니라는 뉘앙스를 풍긴다. 불교와 기독교, 그리고 대부분 종교에서는 생명존중사상을 바탕에 깔고 가르치기 때문에 자살이든 타살이든 하찮은 벌레의 생명에 이르기까지 살생을 금하는 가르침을 준다. 스스로 목숨을 끊는 자살이라고 해도 이런 생명외경사상에 어긋나는 행동으로 와 닿는다.

아무리 근기가 강한 자아를 지닌 사람이라고 해도 그를 둘러싸고 있는 환경적 요인이 그를 압박해 간다면 그는 죽음 이외의 방법을 선택할 여지가 없을 수도 있을 것이다. 같은 환경이라도 이를 극복하는 사람이 있는가 하면 이에 좌절하는 분들도 있게 마련이다. 따라서 개인은 모두 정서적 면역의 차이를 지니고 있는 것이다. 지금처럼 사회가 병들어 있는 정신분열증적 사회 환경이라면 이런 압박에도 불구하고 자살하지 않는 사람이 오히려 이상할 정도이다. 미리 짜인 미로 게임처럼 미로 속에 갇힌 개인은 그 막다른 골목의 좌절에서 죽음으로 내몰리지 않을 수 없다는 말이다. 내몰린 죽음이 자살일까 타살일까! 꼭 남이 자신을 살해하지 않더라도 자신의 내면에 있는 또 다른 자아에 의해 죽음에 내몰린다면 이는 분명한 살인일 것이다.

정신분석학에서는 인간의 본능을 죽음의 본능과 삶의 본능이 있다고 말한다. 이 두 본능적 에너지가 서로 조화를 이룰 때 건강한 인격이 성장하는 것으로 가정한다. 사회적 환경의 압박에 따라서 개개인은 자살과 극복을 선택하지만 이는 오로지 압박의 강도가 문제가 된다. 꿈이 없거나 자존감의 손상이나 삶의 가치를 잃는 등 자괴된 자아라면 죽음의 본능이 손짓할 것이다. "죽을 용기를 갖고"라는 말도 산 자의 이야기일 뿐이다. 자살에서의 죽음은 용기와는 다르다. 자신이 자의로 선택한 것처럼 보이지만 이는 선택이라기보다 그런 외부 또는 내면적인 압박에 내몰려 벼랑 끝에서 추락하는 것이니 어찌 선택이란 말을 쓸 수 있겠는가. 죽음은 선택도 아니고 용기도 아니다. 자살은 그렇게 단순하고 이분법적인 논리로 설명할 수 없는, 아주 복잡한 마음의 역동성을 이해하지 않으면 풀어 갈 수 없는 죽음이다. 우리는 최근 자살과 관련한 일련의 사건들을 생명의 존엄과 자비로움에 대해 너무 무감각해진 것은 아닌지 돌아볼 계기로 삼아야 한다. 나와 남, 나아가 뭇 생명에 이르기까지 생명의 존엄한 가치를 되새겨 보아야 한다. 자살보다는 삶에 대한 긍정적인 마인드로 세상을 변화시키는 새로운 운동이 필요하다.

 * 연예인 및 공인 지도자 자살 가능한 요인
  ① 지나치게 성공지상주의 삶을 살고 있는 사람
  ② 명예심이 강한 사람

③ 자존심이 강해서 울분을 속으로 삼키는 사람

④ 짜증을 자주 내는 사람

⑤ 욱하는 마음을 걷잡을 수 없는 사람

⑥ 삶에 의욕이 없고 나른한 삶을 사는 사람

⑦ 약물에 의존하는 사람

⑧ 주위 사람의 말이 뇌리에 박혀 잠을 못 자는 불면증 사람

⑨ 가슴이 벌렁거리며 불안한 사람

⑩ 죽이도록 남을 미워하며 괴로워하는 사람

⑪ 결혼을 못 한 미혼이거나 독신인 사람

⑫ 실현의 아픔을 못 잊는 사람

⑬ 사랑할 대상이 없는 사람

⑭ 삶의 의미를 못 찾는 사람

⑮ 다들 죽는다는 죽음에 대한 안일한 사람

⑯ 돈과 명예가 불필요하다는 것을 느끼는 사람

⑰ 혼자 있기를 좋아하는 사람

⑱ 대화할 때 짜증과 불평이 많은 사람

⑲ 식사를 제대로 못 하는 사람

⑳ 밥맛을 못 느끼는 사람

㉑ 사랑할 대상을 못 찾고 방황하는 사람

㉒ 남의 시선을 지나치게 의식하는 사람

㉓ 가진 게 아무것도 없다고 느끼는 사람

㉔ 지금 가지고 있는 재물, 명예 모두 필요 없다고 느끼는 사람

㉕ 죽고 싶다는 생각이 자주 나는 사람

㉖ 죽는 방법을 인터넷으로 찾아보는 사람

㉗ 죽음이 아름답게 느껴지는 사람

㉘ 죽으면 편할 것 같다고 생각하는 사람

㉙ 감정을 조절하지 못하는 사람

㉚ 타인의 말과 행동에 상처를 쉽게 받는 사람

이러한 사람들이 자살을 한다. 공인, 연예인, 지도자 자살에는 많은 이유가 있다. 그 이유를 삶에서 찾지 않고 죽음에서 찾으려는 시도에서 자살이 이루어지는 것이다. 앞으로 연예인들과 배우, 지도자, 권력가, 교수, 교사, 사장, 교장 등의 자살이 계속 이어질 것 같다. 사회가 변화하는 과정에서는 자살률도 높은 것이다. 다만 자살에 대한 관점을 삶에서 찾고, 사회정의와 사회발전을 위해 기여하는 쪽으로 방향을 선회시켜 줄 수 있는 문화 트렌드가 필요하다. 자살예방 시민교육이 활성화되어야 할 것이다. 지역 문화원, 청소년수련원, 시민회관, 시민대학 등에서 잘살기 운동을 펼쳐 나가야 할 때가 온 것 같다.

1994. U.S.A. Midwest University (M.Div)
2002. 고려대학교(교육정책학 석사 – 수석장학생)
2005. 성균관대학교 대학원 박사Cand(교육행정학 전공)

1991. 한국세무신문사 전문취재부 기자
1995. 한국어린이선교원신학교 캠퍼스 분교장
2002. 고려교육정책학회 상임회장(한국연구재단 학회검색 가능)
　　　몬테쏘리학회 상임회장(한국연구재단 학회검색 가능)
　　　고구려대학교 설립추진위원회 법인이사
2003. 한주신학 학술원 설립 이사(신학원 교수)
　　　U.S.A. Glenford University 교육학과 교수
2004. U.S.A. Cohen University 정책학과 외래교수
　　　한국복지상담학술재단 이사 겸 홍보처장
2005. U.S.A. Holy People University Campus 유학담당 지도교수
　　　PHILIPPINE PRESBYTERIAN THEOLOGICAL COLLEGE 객원교수
2005. 대통령직속기관 사법개혁추진위원회 모의재판 배우활동(광주공연, 서울공연)
　　　혜전대학 겸임교수
2006. 고위직 직무교육 콘텐츠 연기자 활동(기아, 현대, 대우 자동차 고위직 직무교육)
　　　장애인복지시설, 행복한 재단 이사
2008. 혜전대학 초빙교수
　　　지방분권신문사 사장(대표이사)
2009. Korea Entertainment institute 대표이사
　　　충남정책자문단 교수위원 위원장
　　　한민대학교 출강(사회복지정책학, 사회복지행정학, 사회복지상담학 강의)
　　　고려신학교, 고려사이버신학 원격평생교육원 기획처장
2010. 연희대학신학교 총장(2010년 5월 29일. 3대 총장 취임)

「우리나라의 복지행정제도에 관한 고찰 연구」(1988)
「Kal Barth의 신관 연구」(1988)
「한국 민중문화와 민중 신학 연구」(1992)
「Rein hold Niebuhr & Marx에 대한 상관관계 연구」(1993)
「A CHRONOLOGICAL HARMONY OF THE RESURRECTION
APPEARANCES OF JESUS THE MESSIAH」(1994)
「북한종교의 변화 전망 연구」(2002)
「교육위원회와 지방의회간의 갈등 현상에 관한 연구」(2001)
「조선조 과거시험 방식의 정책적 분석」(공동, 2005)
「조선의 과거제도에 대한 정책적 연구」(공동, 2005)
「조선왕조 과거제도 인사정책 연구」(공동, 2005)
「조선왕조 과거시험주기 정책적 주장 분석연구」(공동, 2005)
「조선왕조 과거제도가 현대 정책에 주는 의미」(공동, 2005)
「과거제도 시험주기의 정책 분석연구」(공동, 2005)
「북한 종교지형 변천 정책 분석연구」(공동, 2005)
「내포문화권 보부상관광벨트 가능성 연구」(공동, 2009)

1. 『대학생활영어』(공저)
2. 『행정경제교육』
3. 『행정정책기획론』
4. 『의원학』
5. 『국회의원학』
6. 『교육정책학 상』
7. 『교육정책학 하』
8. 『산학협동교육학』
9. 『현대교육학실기론』
10. 『현대환경행정론』(공저)
11. 『행정사무관리론』(공저)
12. 『영재교육심리』
13. 『인사행정학』
14. 『행정복지론』
15. 『조직신학』(공저)
16. 『아다르마 성공비법』
17. 『동양환경행정』
18. 『교육학과 비서행정』
19. 『7만교인 교육론』
20. 『지방자치발전론』
21. 『CEO 지도자론』(공저)
22. 『NGO 행정론』(공저)
23. 『경영행정학』
24. 『직업과 경제』
25. 『실기교육방법론』
26. 『전산실무』
27. 『사회복지행정론』(공저)
28. 『대박마케팅』(공저)
29. 『행정학』
30. 『멘토』
31. 『모세오경의 교육론』(공저)
32. 『사회복지정책론』(공저)
33. 『금융·재테크 성공론』(공저)
34. 『사회복지법제』
35. 『리더쉽 성공론』
36. 『사회복지상담』
37. 『경찰행정법』(공저)
38. 『무역법과 상거래』(공저)
39. 『복지행정조사방법론』
40. 『행정조직관리론』
41. 『카타콤 제자훈련』
42. 『복지재무론』
43. 『교육인사행정』
44. 『자살심리론』 외 다수

연락처: doctor@skku.edu
초청특강 및 강의 요청(스케줄 조정) 010-4432-8561

자살
심리론

초 판 인 쇄 | 2011년 5월 3일
초 판 발 행 | 2011년 5월 3일

지 은 이 | 한만봉
펴 낸 이 | 채종준
펴 낸 곳 | 한국학술정보㈜
주   소 | 경기도 파주시 교하읍 문발리 파주출판문화정보산업단지 513-5
전   화 | 031) 908-3181(대표)
팩   스 | 031) 908-3189
홈 페 이 지 | http://ebook.kstudy.com
E - m a i l | 출판사업부 publish@kstudy.com
등   록 | 제일산-115호(2000. 6. 19)

ISBN   978-89-268-2162-6 93330 (Paper Book)
            978-89-268-2163-3 98330 (e-Book)